INICIOS DE ZENOBIA
Y JUAN RAMON JIMENEZ
EN AMERICA

GRACIELA PALAU DE NEMES
Universidad de Maryland

INICIOS DE ZENOBIA
Y
JUAN RAMON JIMENEZ
EN AMERICA

FUNDACION UNIVERSITARIA ESPAÑOLA
Alcalá, 93
MADRID, 1982

Publicaciones
de la
FUNDACION
UNIVERSITARIA
ESPAÑOLA
Monografías-33

ISBN: 84-7392-188-7
Depósito Legal: M. 5.903 - 1982

Imp. TARAVILLA - Mesón de Paños, 6 - Madrid-13

A JOHN y KRAIG

NOTA PRELIMINAR

Este trabajo fue llevado a cabo durante un año sabático con una beca de investigación de la Facultad, concedida por la Junta General de Investigación de la Universidad de Maryland, en la primavera de 1980.

This work was completed on a sabbatical under a FACULTY RESEARCH GRANT from THE UNIVERSITY OF MARYLAND GENERAL RESEARCH BOARD in the Spring of 1980.

La documentación en que se basan estos trabajos es nueva y es vieja. Ha sido recogida, en parte, a lo largo de los años dedicados al estudio de la vida y la obra de Juan Ramón, y en parte procede de investigaciones recientes.

La ayuda más continua y valiosa para mí y el mayor estímulo en la labor ha sido y es la de Francisco Hernández-Pinzón Jiménez, sobrino del poeta, siempre espléndido en su apoyo. En los centros de estudios juanrramonianos, mi reconocimiento a Francisco Pérez-Serrano Marquínez, Director de la «Casa de Cultura Zenobia y Juan Ramón», por las facilidades que me brindó durante mi estancia en Moguer en el verano de 1978; a Raquel Sárraga, a cargo de la «Sala Zenobia y Juan Ramón Jiménez», de la Universidad de Puerto Rico por su atención a mis pedidos de primeros poemas del poeta y al «Archivo Histórico de Madrid», por la labor que pude realizar allí en el verano de

1979. Del personal del «Hispanic Division» de la Biblioteca del Congreso de Wáshington, a Karen Oran, por su asistencia en la recopilación de materiales de *El Cojo Ilustrado*. Por ayuda más reciente en la pista de datos, a Georgette Dorm y a Everett Larsen, de dicha División, a mi hermano Manuel Palau, también de la Biblioteca del Congreso y a Pablo Galván, de la misma.

Por la riqueza de datos que me han proporcionado, perpetua mina de información sobre Zenobia y Juan Ramón, agradezco de nuevo a María Luisa Capará de Nadal, de Barcelona; a Elisa Ramonet, Marquesa Vda. de Almanzora, de Madrid, y a las personas hoy fallecidas: Raquel García Navarro, Vda. de Fortuny, de Barcelona; a Josefina Díez Lassaletta, de Madrid; a Lola Hernández-Pinzón, Vda. de Quintana, sobrina del poeta, también de Madrid, y a Henry Shattuck, de Boston.

A Danusia Mesón de Sosnowski y a Emma Buenaventura, de la Universidad de Maryland, a ambas, gracias muy particulares. La Dra. Mesón de Sosnowski me recogió los textos de la *Revista Moderna de México*, en la Biblioteca Nacional de esa ciudad, y la señorita Buenaventura, los de *El Correo del Valle*, de la Biblioteca Nacional de Bogotá.

Mi sincero aprecio a Carmen Villalobos y a María Teresa Bandrés, ambas de Madrid, por ayuda valiosísima de otra índole, relacionada con mis investigaciones en esa ciudad y reitero mi reconocimiento al «General Research Board», de la Universidad de Maryland, por su repetido apoyo.

GRACIELA PALAU DE NEMES
Universidad de Maryland
Primavera de 1980

I

INICIACION DE JUAN RAMON EN AMÉRICA (1903-1915)

Desde temprano, la América Hispana y la Sajona hicieron un papel importante en la vida de Zenobia y Juan Ramón Jiménez. Juan Ramón se inició en la América Hispana como escritor en 1903 cuando aparecieron selecciones y crítica de su obra en una de las revistas más importantes del continente. Zenobia se inició como miembro útil de la sociedad y se preparó para ser la perfecta casada en relación al poeta, entre 1905 y 1910, residiendo en los Estados Unidos. El período de iniciación de Juan Ramón en América y el de preparación de Zenobia para ser su mujer, duró desde las fechas señaladas, 1903 y 1905 hasta 1915, víspera de su matrimonio.

La iniciación de Juan Ramón como escritor en la América Hispana se hizo en las revistas, pese a que, según él, Villaespesa le vendió casi toda la tirada de sus dos primeras obras, *Ninfeas* y *Almas de violeta*, de 1900, a un librero hispanoamericano; pero no hemos encontrado en América reseñas o noticias de ellas, excepto por la mención que de *Ninfeas* hace la supuesta corresponsal limeña Georgina Hübner, que en carta dirigida a Juan Ramón en 1904 dice: «Un primo mío me llevó 'Ninfeas' y con él he sentido mucho. Sus versos suaves y dulces me sirvieron de compañía y de consuelo». [1] También hay indicios que en Uruguay se conoció la obra temprana de Juan Ramón porque la famosa poetisa Delmira Agustini le envió al poeta sus dos primeros libros: *El libro blanco*, de 1907, y *Cantos de la mañana*, de 1910. El primero, que se conserva en Moguer, está dedicado: «Para Juan R. Jiménez, testimonio de admiración y simpatía». Estos envíos tienen que haber sido muy anteriores a 1914, cuando Delmira se quitó la vida.

Se sabe que Juan Ramón se carteó con José Enrique Rodó entre 1902 y 1908; la correspondencia la inició Juan Ramón al enviarle el libro *Rimas*, que el gran uruguayo celebró en sus cartas, citadas a menudo en la crítica de la primera época de Juan Ramón; pero Rodó no dio a la prensa su opinión de la obra hasta que éste le envió *Elegías* en septiembre de 1909. De su lectura resultó el muy citado artículo de Rodó «Recóndita Andalucía. Al margen de las 'Elegías', de Juan R. Jiménez», recogido en *El Mirador de Próspero*, de 1913.

EL COJO ILUSTRADO

Entre *Ninfeas* y *Almas de violeta*, las dos primeras colecciones de Juan Ramón, mal recibidas por la crítica y y *Arias tristes*, el primer gran libro de la nueva poesía modernista española, el poeta publicó *Rimas* (Madrid, 1902), en el que incluyó las mejores composiciones de los dos primeros libros y versos nuevos, sencillos, escritos en

---

[1]   Sobre el caso J. R. J.-Georgina Hübner, véase por esta autora, *Vida y obra de J. R. J. La poesía desnuda*. Madrid, Gredos, 1974, t. I, págs. 296-305 y t. II, 432-435. Las cartas fueron publicadas por Ricardo Gullón en «Cartas de Georgina Hübner a J. R. J.», *Insula*, año XV, núm. 160, marzo 1960, pág. 1.

Francia bajo la influencia de los simbolistas, durante el año que estuvo en Le Bouscat, en las afueras de Burdeos, convalesciendo de una depresión nerviosa. *Rimas* le valió la entrada en la revista *El Cojo Ilustrado*, de Caracas, donde aparecieron sus líricas producciones por una década, de 1903 a 1913.

Para un iniciado en las letras hispanas que quisiera darse a conocer más allá de sus fronteras, no cabía mejor suerte que aparecer en las páginas de *El Cojo Ilustrado*. Entre las revistas americanas que sirvieron de puente culte cultural entre el siglo XIX y XX, ninguna la superó en calidad, en difusión o en duración. Se publicó más de veinte años como quincenario de literatura, artes y ciencias, desde el número correspondiente al 1.º de enero de 1892, hasta el número 559, año XXIV de la revista, correspondiente al 1.º de abril de 1915. Se suspendió sin previo aviso por las dificultades de comunicación y comercio ocasionadas por la Primera Guerra Mundial. La empresa a cargo de *El Cojo Ilustrado* dependía del exterior para muchos de sus materiales, contaba con una tipografía especial traída de Europa que, entre muchos otros servicios hacía ediciones de obras a todo lujo y según se anunciaba en la cubierta posterior de la revista, se imprimían tarjetas de visita y todas las menudencias tipográficas exigidas por la vida social y comercial; se hacían fotograbados y libros en blanco, fabricaban sobres y ofrecían materiales para encuadernadores, papelería y artículos de escritorio «de las principales fábricas de Europa y Norteamérica».

El que tan respetable publicación llevara el curioso nombre de *El Cojo Ilustrado* había causado curiosidad entre los lectores del exterior, por lo que se publicó una explicación «a título de *permanente* por todo el tiempo indispensable», que apareció a partir del número 169 del año

VIII, correspondiente al 1.º de enero de 1899 (pág. 51). El nombre tenía que ver con los orígenes de la revista lanzada por la firma J. M. Herrera Irigoyen & Co., sucesora de Agustín Valarino y Manuel E. Echezuría, fundador, en 1873, de una fábrica de cigarrillos con el nombre «El Cojo», por ser cojo el señor Echezuría. Este nombre pasó a otros negocios emprendidos por los fundadores y al pequeño periódico que publicó José María Herrera Irigoyen cuando se hizo socio de la firma. Al ensancharse la empresa Herrera Irigoyen, se fundó una tipografía especial y el periódico de la casa circuló con grabados traídos del extranjero, por lo que se llamó *El Cojo Ilustrado*. Años después, a iniciativas del mismo Herrera Irigoyen, la empresa fundó por primera vez en Venezuela un taller de fotograbados y renació el periódico como revista cultural.

En el primer número de la revista, bajo el título «Prospecto» (pág. 2), Manuel Revenga, el Director, mencionaba los objetivos y aspiraciones de los editores: «establecer en Venezuela la industria del fotograbado que tan en valía se hallaba en Europa y Norteamérica»; mantener la publicación a una altura que no desdijera del país, ya que se aspiraba a que la revista fuera vehículo para que se conocieran en el extranjero los usos, costumbres y progreso del pueblo venezolano. Por esa razón se deseaba «con vehemencia» que las páginas dedicadas al texto fueran «palenque» donde brillara de preferencia «el patrio talento». Los editores opinaban que aún no se había escrito la crónica de los hechos heroicos del país o del origen y desarrollo de su vida intelectual, por lo que deseaban que las columnas de la revista fueran reflejo fiel de todo lo que pudiera contribuir a la ilustración y enseñanza del pueblo venezolano y se comprometían a tener a los lectores al corriente de las «obras y hechos de ultramar que por sus excelencias (llevaran) el sello de una vida científica o artística perdurable» (pág. 2).

El Cojo Ilustrado cumplió bien su cometido. Las ilustraciones de la revista llegaron a ser bellísimas: dibujos, estupendas fotografías, reproducciones de pinturas famosas ventajosamente copiadas en las grandes páginas (24 × 35 cm.) de fino papel glaseado. Los textos se imprimían nítidamente a tres columnas, variando la tipografía para que resaltara el verso de la prosa o un poema del otro. El precio era módico: la subscripción mensual costaba cuatro bolívares y el número suelto, dos. Por todas estas razones *El Cojo Ilustrado* llegó a todos los rincones del país y se difundió también por el exterior. A los tres años de su publicación, Herrera Irigoyen compartió la dirección con el señor Revenga y del cuarto año en adelante fue Director único, haciendo de la revista una verdadera obra de arte. La flor y nata de la cultura venezolana colaboró en sus páginas. En el índice correspondiente al tomo IV (número 96, 15 de diciembre de 1895), entre los nombres de los colaboradores aparecen los de los venezolanos de la época que habrían de perdurar en la historia de la literatura hispanoamericana, entre ellos: Rufino Blanco-Fombona, Manuel Díaz Rodríguez, José Gil Fortuol, Gonzalo Picón Febres, Alejandro Urbaneja.

La revista no escamoteó esfuerzos para promover la cultura nacional. Al principio, celebraba un certamen mensual para dibujantes y artistas de modo de contar con «modelos en su género» de representaciones de personajes, costumbres y edificios nacionales, después celebró certámenes literarios para impulso de las letras. En una especie de inventario al séptimo año de su publicación, en la primera página del número correspondiente al 15 de diciembre de 1898, declaraba haber cumplido «más de un

lustro de vida recibiendo y difundiendo el movimiento intelectual en la América española» y contribuyendo «a la
recomendación y progreso de las letras y del arte en (esos)
países». Reconociendo que aún les quedaba mucho por
hacer, se felicitaban por lo ya hecho, y afirmaban: «cree-
mos haber estado atentos y haber acudido siempre al re-
clamo de las necesidades intelectuales de hoy, en la medida de nuestro poder y de acuerdo con los caracteres del
medio en que vivimos; ese criterio nos ha permitido rendir justo homenaje a todo mérito reconocido sin que nos
hayamos inclinado a favor de determinadas y exclusivas
tendencias y escuelas» (Ibid.).

El Director Herrera Irigoyen era un estricto dirigente,
con un alto concepto de lo que era admisible en las páginas de la revista y con consciencia de la labor rendida. Al
iniciarse el año XVIII de *El Cojo Ilustrado*, en el número
385 y 1908 y en un artículo de fondo titulado «Año Nuevo» (pág. 4), se felicitaba por el renombre y la representación conquistada por la revista en la América española y
por haber mostrado «en toda su variedad y amplitud el
desenvolvimiento mental y literario de la Venezuela con-
temporánea». Decía que había rechazado «únicamente
aquello que por hallarse fuera de los límites del arte, por
deficiencia notoria del pensamiento o de la forma, o bien
por atrabiliarios e improcedentes procedimientos artísticos no cupiera en los términos de la cultura y decoro que
debía guardar (la) Revista». Este criterio aplicaba por
igual a todos los escritores y artistas, incluyendo los del
exterior. En sus palabras: «no hemos descuidado registrar
en nuestras páginas las más notables manifestaciones literarias de todos los países y mantener a nuestros lectores al
cabo del movimiento artístico y literario mundial, reco-
giendo y publicando lo que nos pareció más hermoso, pul-

cro y meritorio». Y efectivamente, la revista se distinguió por su buen gusto y eclecticismo: venezolana, hispanoamericana, universalista, difundió el pensamiento local, continental y europeo e introdujo las ideas cosmopolitas en todos los ramos de las ciencias y de las artes. Y como el modernismo era el movimiento literario que animaba a las letras hispánicas a fines del XIX y a principios del XX, acogió con entusiasmo en sus páginas a los autores destacados entre los diferentes, aún no llamados «modernistas», considerados hoy como grandes precursores o iniciadores del movimiento en América y España. Los «Versos sencillos», de José Martí, aparecieron desde el primer año de la revista, en 1892, y en 1900 y 1903. Las cosas de Darío empezaron a publicarse en 1896; algunos de los grandes poemas de José Asunción Silva se publicaron entre 1898 y 1903; los de Gutiérrez Nájera, desde 1897 y los de Julián del Casal por el 1901.

Entre los renovadores de la poesía lírica española, Salvador Rueda tuvo acogida en las páginas de *El Cojo Ilustrado* desde 1894, y Manuel Reina, desde 1900. Entre los nuevos poetas modernistas españoles, Juan Ramón fue el primero que figuró en sus páginas, desde 1903. Los versos de Manuel Machado aparecieron en 1905 y los de Antonio en 1907.

En la historia *El Cojo Ilustrado* (Universidad Central de Venezuela, Caracas, 1966), el autor, Julio Horacio Rosales, miembro de la Academia Venezolana de la Lengua, escribió: «Ser admitido a colaborar en *El Cojo Ilustrado* equivalía a ser armado caballero de la orden de los escritores. La admisión en *El Cojo Ilustrado* daba cartel. A menudo no se realizaba sin *un padrino* consagrado ya en las letras, como maestro, garante de las aptitudes sobresalientes del catecúmeno que había atraído ya la atención renovadora de la dirección, hiciese la presentación formal del candidato al director» (pág. 37).

El padrino de Juan Ramón fue Manuel Díaz Rodríguez, del grupo de escritores que se conoció en Venezuela con el nombre de Generación del 96, entre los que figuraron, entre otros, Rufino Blanco Fombona, Pedro Emilio Coll y Luis Manuel Urbaneja Achepol. Más jóvenes que los de la Generación del 98 en España, tenían preocupaciones parecidas. Se agruparon primero alrededor de la revista *Cosmópolis*, que inició el movimiento modernista en Venezuela, y después alrededor de *El Cojo Ilustrado*. Díaz Rodríguez había recibido el elogio de la crítica venezolana desde *Sensaciones de viaje*, libro de 1896, por la elegancia del estilo y la belleza del lenguaje. Los *Cuentos de color*, de 1898, su primera novela, *Ídolos rotos*, de 1901, y la segunda, *Sangre patricia*, de 1902, lo consagraron como el más alto exponente de la prosa modernista de Venezuela. Fue uno de los grandes estilistas de la época y colaboró en *El Cojo Ilustrado* con anterioridad a la publicación de su famoso libro *Cuentos de color*, obra conocida y admirada en España. La *Revista Nueva*, de Madrid (1898-1900), órgano del modernismo español, publicó algunos de esos cuentos en 1899. Este libro era una de las «joyas modernistas» que Villaespesa circulaba entre los escritores amigos, Juan Ramón entre ellos. Influido por Villaespesa, Juan Ramón dedicó «Para Manuel Díaz Rodríguez», el poema de *Ninfeas*, titulado «Recuerdos...». El autor venezolano le correspondió publicando una crítica elogiosa de *Rimas*, en *El Cojo Ilustrado* del 1.º de enero de 1903, número 265, año XII. El artículo llevaba por título la dedicatoria «Para Juan R. Jiménez», por aquella época Juan Ramón se firmaba así y con ese nombre aparece a lo largo de toda la colaboración en dicha revista.

La iniciación de Juan Ramón en *El Cojo Ilustrado* le daba cartel. Se le dedicaban dos grandes páginas completas, enmarcados los textos en cenefas dibujadas por el Director Herrera Irigoyen, que ponía sus iniciales al pie. El artículo de Díaz Rodríguez ocupaba toda la página 12 y una columna de la 13. Le seguían tres poemas del libro *Rimas*, de Juan Ramón: «Primavera y sentimiento», «Me he asomado por la verja...» y «Esta noche hallé en mi sueño...». Estos dos últimos poemas, de los que he dado el primer verso, pues no llevan título, se habían publicado con otras dos composiciones diferentes en el *Madrid Cómico*, año XXII, número 14, del 5 de abril de 1902.

En el artículo de *El Cojo Ilustrado*, Díaz Rodríguez se dirigía a Juan Ramón, haciendo el repaso de la vida, el arte y las tristezas del poeta, al mismo tiempo que glosaba los poemas de *Rimas*. En la primera línea, establecía el sutil vínculo que le unía a él: «Apenas te conozco y sé que eres mi hermano», le decía. Mencionaba pormenores de la estancia de Juan Ramón en el Madrid de 1900, refiriéndose a una carta «deshecha en quejas», en la que el poeta de Moguer le pintaba «el infierno de amarguras de cierto medio literario». En plena afinidad con él, celebraba sus tanteos poéticos, su deseo de encontrar «rimas nobles» y «ritmos nuevos» y se dolía de una crítica calumniosa que había visto publicada dos veces, en la que se atacaba a «los más excelsos poetas americanos» con quienes Juan Ramón simpatizaba y le pintaban «perdido para las letras, vil pavesa de humanidad abandonada por la vida a la playa más lúgubre, en el patio del manicomio». Esta crítica exageraba o desfiguraba las circunstancias relacionadas con la estancia de Juan Ramón en casa del alienista Gastón Lalanne, de la «Maison de Santé du Castel d'Andorte», en Le Bouscat, donde se hallaba bajo tratamiento debido a la depresión nerviosa que sufrió después de la muerte de su padre, ocurrida el 3 de julio de 1900. El Dr. Lalanne tenía su casa en el parque del manicomio y el espectáculo de los locos en sus idas y venidas por los patios impresionaba al joven poeta que escribía prosas y cartas tristísimas y obsesionadas, dando lugar a una leyenda sobre su propio estado; pero las circunstancias de su estancia en Le Bouscat fueron más bien privilegiadas. [2] La aparición de *Rimas* era para Díaz Rodríguez prueba de la cordura y salud del autor, lo que celebraba en el artículo de *El Cojo Ilustrado*. Rimbaud, venezolano, hacía destacar la predominancia del color blanco en la obra y la obsesión del poeta con la muerte y terminaba exhortándole: «Tu destino es florecer: florece. Alza tu lira, y muéstrala, toda blanca de flor, como un tirso. Y que siga cumpliéndose la palabra con que bendijo tus primeros pasos un gran poeta, maestro y amigo tuyo: 'La Belleza te cubra de luz y Dios te guarde'». Este es el último verso del soneto que Darío le escribió a Juan Ramón para «atrio» de *Ninfeas*. La reseña de Díaz Rodríguez tenía mucho de ese aspecto modernista tan bien cultivado por el gran nicaragüense, que hace del texto trasunto de la vida y la obra del criticado.

Los poemas de *Rimas* siguieron apareciendo en *El Cojo Ilustrado* a partir de ese primer número de 1903, e indudablemente por mediación de Díaz Rodríguez, que tenía un ejemplar, regalo de Juan Ramón. La segunda colaboración se encuentra en el número 269, año XII de la revista, del 1.º de marzo de 1903. El poema, sin título, cuyo primer verso es «Pedí a mi corazón una sonrisa...» aparece en la columna central, seguido de una larga composición poética, «Razas vencidas», de Max Grillo, poeta, cuentista, crí-

---

[2] Véase: Ignacio Prat, «J. R. J. en Burdeos (1901-1902). Nuevos datos», *Insula*, año XXXIII, núm. 385, diciembre 1978, págs. 1 y 12.

tico y dramaturgo colombiano muy prominente entonces por ser Director de la *Revista Gris,* órgano del modernismo colombiano, y de otro poema titulado «Gritos clásicos», más romántico que modernista, del autor mexicano Luis G. Urbina.

El poema «Pedí a mi corazón una sonrisa...», publicado en *El Cojo Ilustrado,* es idéntico al del libro *Rimas,* publicado por la Librería de Fernando Fe, de Madrid, en 1902, pero distinto al de la versión en la obra póstuma *Primeros libros de poesía* (Madrid, Aguilar, 1959), recopilación de Francisco Garfias, a pesar de que en la advertencia que precede al «Prólogo», titulada: «El Premio Nobel de Literatura de 1956», se dice: «Estos que siguen son los poemas de sus años de aprendizaje, tal y como salieron de su pluma, tal y como ante nosotros han llegado» (pág. 10). Si salieron de la pluma de Juan Ramón, salieron corregidos en parte, porque la versión de *Primeros libros* le falta una estrofa que aparece en las versiones primerizas. A continuación la desaparecida estrofa, que se da entre la que le sigue, como aparece en *El Cojo Ilustrado*:

Miré a lo lejos, dentro de mi vida,
y comprendí tan plácida verdad;
y le dije a mis labios: ¿qué es más dulce
sonreir o llorar?
Los labios entreabriéronse, intentando
marcar una sonrisa de placer;
no pudieron; ¡habían olvidado
las sonrisas también!
Venía una tristeza de recuerdos
en el aire tranquilo del jardín,
recuerdos de alboradas de diciembre
y de tardes de abril.

La supresión de la estrofa del medio en la edición póstuma mejora el poema, ya que deja sin resolver el cuestionamiento del hablante en la estrofa anterior: «¿qué es más dulce / sonreir o llorar?» Lo cual indica una omisión voluntaria. Juan Ramón, que acostumbraba corregirse, pudo haber desechado la estrofa para futuras ediciones.

La intervención de Díaz Rodríguez se nota en el próximo poema de *Rimas* publicado en *El Cojo Ilustrado*, que se titula «Los niños abandonados» y que aparece en una hermosa página con un grabado del «Idilio de primavera», de H. Siemieradski, que ocupa la mitad superior de la página 181, del número 270, año XII, del 15 de marzo de 1903. [3] En la primera y segunda columna debajo del grabado hay una carta de Rufino José Cuervo a Díaz Rodríguez, con el título: «A propósito de 'Sangre patricia'», en que agradace el libro de ese nombre y felicita al autor por la belleza y hondura de la obra. En la tercera columna está el poema de Juan Ramón, destacado por la impresión tipográfica distinta a la de la prosa. El poema empieza con un lamento:

> Pobres niños que brotan a la vida,
> como brotan las flores en la selva,
> sin saber cómo brotan y sin ramas
> que con sus hojas cubran su belleza!

Y termina con una acusación implícita:

> mas, al llegar las noches de diciembre,
> sus carnecitas sin calor se hielan
> y se mueren soñando con los lobos
> que tienen una madre que los quiera.

Esta composición había aparecido ya en el número 15, año XXII del *Madrid Cómico*, del 12 de abril de 1902, y

---

[3] Se dan los títulos de los grabados con los nombres de los autores, tal como aparecen en la revista.

en otro periódico madrileño político satírico, comprometido a favor de la justicia social, *Don Quijote* (1892-1902), en el número del 2 de mayo de ese mismo año de 1902. [4] Más bella aún fue la impresión de «Llanto», también de *Rimas*. en el número 271 de *El Cojo Ilustrado*, correspondiente al 1.º de abril de 1903. Era el único texto de la página 205, con un grabado, enmarcado, del cuadro de G. Doré, «San Pablo amenazado por los judíos en Jerusalén», que llenaba dos tercios de la página. En el espacio restante aparecía el poema de Juan Ramón, con sus diez cuarteros distribuidos nítidamente en tres columnas. El llanto del título es del hablante del poema por la amada ausente y no tiene nada que ver con la ilustración, excepto que ésta embellece la página.

La última colaboración de Juan Ramón en 1903 apareció en el número 276 del 15 de junio en la página 357 ilustrada con la fotografía de un río de San Sebastián, hecha por un asiduo colaborador artístico de la revista, H. Avril. El poema, titulado «El lago del dolor», es uno de los menos afortunados de *Rimas*, reminiscente por sus románticos excesos, de los menos logrados de *Ninfeas*.

Al año casi, vuelven a aparecer versos juanrramonianos en *El Cojo Ilustrado*, aunque es notable el hecho de que no se incluyera ninguno de *Arias tristes*, publicado por la Librería de Fernando Fe, de Madrid, en 1903. El primer poema de la colección *Jardines lejanos*, publicada por esa misma librería en 1904, salió en el número 297 del año XII de la revista, correspondiente al 1.º de mayo de es 1904,

---

[4] Véase: Iris Zavala, *Fin de siglo: Modernismo, 98 y bohemia*. Colección «Los Suplementos». Editorial «Cuadernos para el Diálogo». Madrid, 1974. En el artículo, «Un Don Quijote finisecular», Iris Zavala comenta la revista *Don Quijote*. Por este estudio he llegado al poema de J. R. que salió allí (págs. 18 y 35).

bajo el título «Jardín galante». Este poema, cuyo primer
verso es: «Esta noche los jardines...» no tiene título en la
colección y pertenece a la primera de las tres partes del
libro: «Jardines galantes». *El Cojo Ilustrado* hizo gala del
poema, cuyos quince cuartetos llenan toda la primera columna de la página 291, con un grabado del cuadro de Jules Lefebre, «Lady Godiva sale a caballo por la ciudad»
ocupando más de la mitad de la segunda y tercera columna y una crónica de la Academia Francesa debajo. El poema de Juan Ramón había aparecido en *Alma Española* de
Madrid, en el número 16, año II, del 21 de febrero de 1904.

La estimación de la obra de Juan Ramón en América
debe haber aumentado para esa fecha porque la siguiente
colaboración apareció en la primera página de la revista
(pág. 365), en el número 300, correspondiente al 15 de junio de 1904, con una ilustración que armonizaba con el
texto. En este poema titulado «Pastoral», de nueve cuartetos octosílabos, se utiliza el paisaje para superlativizar
las congojas de una campesina enamorada y la indiferencia de su abuela ciega. El grabado de Ed. Maxence, titulado «Angelus», que ocupa las dos terceras partes de la página, muestra el torso de una adolescente acongojada en
actitud de oración, contra un paisaje campestre. Este poema, cuyo primer verso es: «La niña estaba soñando...»,
pasó después, sin título, a la segunda parte del libro *Pastorales*, que Juan Ramón fechó en 1905 y publicó en 1911.
El hecho de que se publicara en *El Cojo Ilustrado* y también en *Alma Española*, en el número 22 del año II, correspondiente al 23 de abril de 1904, verifican la fecha de creación, ayudando a seguir la evolución del arte juanrramoniano y a comprender mejor la psicología de este poeta
que en uno de sus lemas: «Pan y poesía cada día», expre-

saba la imperiosa necesidad de crear sin otro propósito que la creación misma.

En 1905 y 1906 no se publicaron trabajos de Juan Ramón en *El Cojo Ilustrado*. Este lapso coincide con años difíciles de su vida, de regreso a Moguer, su pueblo natal, después de la residencia en Madrid desde principios de 1902 hasta el otoño de 1904. Durante ese tiempo, hospedado en el Sanatorio del Rosario y después en casa del famoso neurólogo Luis Simarro, su médico del Sanatorio, Juan Ramón fue el centro de atención de los grandes escritores del momento y de los animadores de la vida literaria española. Al Sanatorio iban a verle Manuel Reina, Salvador Rueda, Francisco Villaespesa, Jacinto Benavente, Gregorio Martínez Sierra, Manuel y Antonio Machado, Ramón Pérez de Ayala, Rafael Cansino Assens y Luis Contreras, haciendo allí su tertulia. Después, con el Dr. Simarro, Juan Ramón asistía a las funciones de la Institución Libre de Enseñanza y se mantenía al tanto de las actividades culturales de Europa y América. De regreso a Moguer, aislado de la vida literaria, nervioso, displicente y hastiado, cesó por completo de colaborar en las revistas. En 1905, apenas se encuentran trabajos de él en las publicaciones de España y no se encuentra nada en las publicaciones de España o América correspondientes al 1906.

Con el estímulo de su buen amigo Gregorio Martínez Sierra, que le animaba por correspondencia, Juan Ramón empezó a colaborar en la revista lanzada por aquél en marzo de 1907, *Renacimiento*. El mes anterior, reanudó la colaboración en *El Cojo Ilustrado*, que le publicó el poema «La nieve baja bendita» en la página 140 del número 364, año XVI, del 15 de febrero, encabezada por una pequeña cenefa dibujada por Herrera Irigoyen, que solía diseñar la ornamentación de las páginas. El poema es una de las «ilustraciones líricas» escritas por Juan Ramón para el *Teatro de Ensueño,* de Martínez Sierra, obra de cuatro piezas dramáticas. La primera, titulada «Pastoral», está dividida en cuatro partes: «Tiempo de nieve», «Tiempo de rosas», «Tiempo de amapolas» y «Tiempo de hojas secas», títulos con reminiscencias de obras juanrramonianas. «La nieve baja bendita» es el poema inicial de la primera parte, que crea el ambiente lírico-emotivo de la pieza.

El silencio de Juan Ramónó afectó su lugar en la revista, este poema y los que le siguieron se publicaron como una de tantas colaboraciones, en páginas de prosa con pequeñas fotografías. En el número 365, del 1.º de marzo de 1907, en la última columna de la página 160, con trozos de prosa de autores extranjeros y sin ilustraciones, salió un poema de Juan Ramón de nueve cuartetos, bajo el título «Nocturnos» y con el epígrafe: «Un piano ha llorado, a lo lejos, / la Serenata de Schubert». Este era relativamente viejo, había aparecido en el número de noviembre de 1903 de la revista española *Helios* y era el primero de una serie de siete poemas bajo el mismo título, del libro *Arias tristes.* El hecho de que se publicara en la revista venezolana a los cuatro años de aparecer el libro nos hace pensar que éste no tuvo en América la importancia que en España. En retrospecto, *Arias tristes* representaba una ruptura con el modernismo hispanoamericano que inicialmente deslumbrara a los españoles. Más simbolista, no-parnasiana, esta obra iniciaba un modernismo individualista reconcentrado, que había de tener un gran exponente en Juan Ramón, que iba a crear otra clase de escuela que la creada por Rubén Darío. La música de Juan Ramón era callada y de soledad sonora, como la de los grandes clásicos españoles, la de Darío era «sonorosa», amplificada, porque así lo requería una cultura en cierne que buscaba voz propia.

En el número 370 de *El Cojo Ilustrado*, correspondiente al 15 de mayo de 1907, en la página 316, con prosa y sin ilustraciones, aparecieron dos poemas de Juan Ramón bajo el título «Versos accidentales» y con el epígrafe: «A María / que se ríe sobre una rosa mustia». Estos habían salido en el número inicial de *Renacimiento*. En la revista venezolana, ocupaban la tercera columna, al final de una serie de noticias cortas del extranjero. El título «Versos accidentales» procedía de la tercera parte de un proyectado libro de 1906, *Olvidanzas*, del que salió, como primera parte, en 1909, el titulado *Las hojas verdes*, publicado por la Tipografía de la Revista de Archivos, de Madrid. En las «antologías» juanrramonianas figura «Versos accidentales» con un poema diferente al de las revistas mencionadas.

Las colaboraciones de Juan Ramón en *El Cojo Ilustrado* a partir de 1907 están tan relacionadas con las de la revista española *Renacimiento*, de Martínez Sierra, que es de deducirse que Martínez Sierra mandaba a *El Cojo* las mismas publicaciones que Juan Ramón le enviaba para *Renacimiento*. Hasta pudiera ser que Herrera Irigoyen, el Director de la revista venezolana seleccionara los poemas, de la revista española. Consta que ambos directores y sus revistas se conocían. En el número 370 en que aparecieron los «Versos accidentales», de Juan Ramón, Herrera Irigoyen le dedica dos columnas, de las páginas 370 a la 371, a la recién lanzada revista de Martínez Sierra, le llama «colaborador y amigo» celebra su ideal de belleza artística, afirmando que desde *Helios* (la revista fundada por Juan Ramón, Martínez Sierra, Ramón Pérez de Ayala, Pedro González Blanco y Carlos Navarro Lamarca en 1903) no contaba España con una publicación de esa índole. Las mismas composiciones de Juan Ramón aparecieron en *El*

Cojo Ilustrado unos meses después que en *Renacimiento*. Parte de un trabajo de Juan Ramón publicado en el número 3 de *Renacimiento*, de mayo de 1907, apareció en el número 374 de *El Cojo Ilustrado*, del 15 de julio del mismo año, y de nuevo, se le dedicaba la página entera. El trabajo era «Palabras románticas», unos trozos de prosa poética ilustrados con un bello grabado de una fotografía de Avril titulada «Un ciego», que ocupaba dos tercios de las columnas segunda y tercera. El ciego era un campesino que caminaba al lado de una choza de paja guiado por una niña y nada tenía que ver con la prosa juanrramoniana, que sobresalía en el resto de la página.

Los tres trozos de estas «Palabras románticas» son variaciones del tema de la muerte y la soledad. En el primero, el hablante, en un húmedo jardín a la caída de la tarde piensa en la muerte; en el segundo, de noche, el canto de una corneja en el jardín le llena de terror, piensa en la muerte próxima, le pide que espere. El motivo de la corneja remonta al lector a la estancia del poeta en el sanatorio francés. La corneja fue tema de un trabajo suyo publicado en *Helios* (V, 1903), titulado «La corneja. De un libro de recuerdos», que trata de este pájaro y una loca del manicomio que se imaginaba corneja. En el tercer trozo, el hablante, a la luz de una lámpara, se muestra cansado de la visión de la luna y la noche y hastiado de las mismas cosas: libros, cartas, papeles.

El tema de las correcciones juanrramonianas vuelve a surgir al comparar estos trabajos en prosa con los de las ediciones póstumas. Los trozos de *El Cojo Ilustrado* y los de *Renacimiento* son iguales y aparecen corregidos en las ediciones póstumas: *Primeras prosas* (Madrid, Aguilar, 1962) y *Libros de prosa*: *1* (Madrid, Aguilar, 1969), recopiladas ambas por Francisco Garfias, que las prologa. En el

«Prólogo» a *Primeras prosas,* Garfias advierte que «casi todos los textos... están sacados directamente de los manuscritos del archivo juanrramoniano», en particular las «Palabras románticas» (pág. 27). Garfias no había podido comprobar «las posibles coincidencias entre éstas y las publicadas, o las variantes, en caso de haberlas» (íbid.), yo lo hago ahora.

Utilizo la edición *Libros de prosa* por ser la más completa, dando la numeración de los trozos en ésta. Los trozos que comentamos son iguales en los dos libros póstumos. (Abreviamos a *L. de P.*)

El primer trozo de *El Cojo Ilustrado* se convierte en dos en los libros póstumos: «1. La senda está mojada...» (*L. de P.*, pág. 153) y «2. Como la muerte va siempre dentro...» (págs. 154-155). El segundo trozo de la revista se convierte en otros dos: «12. A veces vamos caminando...» (pág. 166) y «5. Yo temo tanto a la muerte...» (pág. 158). El tercer trozo de la revista: «... A la luz de la lámpara... como tantas veces...» no aparece en los libros póstumos. También se encuentran variantes de puntuación, que pasamos por alto y variantes de ortografía como: hiedra-yedra, dejadlo-dejarlo, quizás-quizá, frondas-sombras (la segunda versión es la corregida). Hay cambios de palabras: «está en el *medio* del mismo corazón» —«está en el *centro* del mismo corazón»; «¡Pobre sombra mía, amigo de dentro que sales a hacerme *el amigo*»— «¡Pobre sombra mía, amigo de dentro, que sales a hacerme *compañía!*». Hay frases añadidas: «*Está* en las olas rojas de nuestra sangre» — «*Ella está* en las olas rojas de nuestra sangre»; «aparezca la fuente de fondo profundo» — «aparezca *entonces* la fuente de fondo profundo». Por último, en dos ocasiones se suprime una línea, la subrayada: «*Por eso el que la siente se tambalea con un vértigo de inseguridades medro-*

sas, por eso el que la siente da un grito a cada dolor del cuerpo, que es un desgarramiento que hace ella», y «Yo temo tanto a la muerte porque no tengo por quién despreciarla. *Todo desdén es una interposición de rosas.* Muchas noches en el balcón, bajo las estrellas de las doce, he querido exhalar mi alma en un suspiro».

Las variantes citadas demuestran siempre un mejoramiento de la prosa, ya sea por el uso de la palabra más sencilla, o más precisa; o porque se evita una repetición; o porque la frase añadida da más fuerza a la expresión. Al suprimir una línea completa, Juan Ramón se deshace de lo supérfluo, desnuda el párrafo, enaltece el lirismo.

Es curioso el tratamiento de la próxima colaboración de Juan Ramón en *El Cojo Ilustrado.* Está incluida en la sección «Páginas Extranjeras» con el epígrafe «Española» y le sigue la traducción de un pequeño trozo de Jules Renard, «El ratón», bajo el título « Historias naturales» y el Epígrafe «Francesa», y de una serie «Alemana» de «Pensamientos», de Arturo Schopenhauer. Lo de Juan Ramón se titula «Paisajes líricos» y consiste en seis trozos de prosa poética publicados con anterioridad en el número 7 de septiembre de 1907 de *Renacimiento. El Cojo Ilustrado* en que sale este trabajo, es del 1.º de marzo de 1908, año XVII, número 389. En la colección póstuma, *Primeras prosas,* los «Paisajes líricos» aparecen como los trozos XXXIX—XLIV de «Palabras románticas» y en *Libros de prosa: 1,* como los trozos 38-43. No hay variaciones entre la versión de las revistas y de los libros. Quizás debido al parecido de esta obra con la publicada el año anterior, la revista venezolana no le concedió mayor importancia.

En el número 396 de *El Cojo Ilustrado,* del 15 de junio de 1908, salieron seis poemas juanrramonianos, encabezados por la hoy famosa «Balada de la mañana de la cruz», al final de la página 347, ilustrada por el grabado «La primavera en el bosque», de P. Mayerheim. La conclusión del cuento de Emilio Gebhart, «Una noche de Pascuas bajo Nerón», traducido para la revista, ocupaba el resto de la página y los otros cinco poemas seguían en la 348. Como de costumbre, el verso se diferenciaba de la prosa por la tipografía. De los seis trabajos, la «Balada de la mañana de la cruz» y la «Balada de la flor del romero», que le seguía, eran del libro aún inédito *Baladas de primavera*, fechado en 1907 y publicado en Madrid, por la Tipografía de la Revista de Archivos, en 1910. Los otros cuatro estaban agrupados bajo el título «Elegías lamentables».

Juan Ramón no corrigió entonces la «Balada de la mañana de la cruz»; pero en la penúltima estrofa de la «Balada de la flor del romero» hay correcciones que muestran cambios psicológicos además de artísticos, y que van a la par que sus circunstancias personales. A continuación los subrayo y comento:

Versión de *El Cojo Ilustrado*
¡Oh sol dorado! ¡Oh *carne*
[franca!
¡Oh si yo fuera triste y fuerte!
¡Flor de romero y *novia* blanca
contra la *mueca* de la muerte!

Versión de las *Baladas de primavera*
¡Oh sol dorado! ¡Oh *vida*
[franca!
¡Oh, si yo fuera triste y fuerte!
¡Flor de romero y *carne* blan-
[ca
contra la *nieve* de la muerte!
5

---

[5] Agradezco a Raquel Sárraga, a cargo de la «Sala Zenobia y J. R. J.», de la Universidad de Puerto Rico, copia de los poemas, como aparecieron en las primeras ediciones que se mencionan en este trabajo. Las variantes de los poemas juanrramonianos que se comentan, comprenden solamente las que aparecen en lo publicado o revisado dentro de estas fechas. La constante depuración

En la segunda versión se acentúa la pasión, una *novia* blanca indica castidad; pero la *carne* blanca implica posesión. Al mismo tiempo, el cambio del primer verso, de *carne* franca a *vida* franca hace lógica la significación y la *nieve* de la muerte es más lírica y sugestiva que la *mueca* de la muerte. El cambio de *novia blanca* a *carne blanca* también refleja hechos de la vida del poeta. La novia blanca de su poesía primera tenía un doble en la vida real, Blanca Hernández Pinzón, la casta y blanca novia de la adolescencia, a la que había tenido que renunciar porque la familia de ella no apoyaba el noviazgo debido a las depresiones del poeta y su manera diferente de vida. Para la fecha en que se publicó *Pastorales*, Blanca se había casado c ostaba a punto de casarse con otro.

Los otros poemas de esta serie en la revista venezolana, «Elegías lamentables», son parte del segundo y tercer libro de la trilogía: *Elegías, I. Elegías puras* (Madrid, Tipografía de la Revista de Archivos, 1909) y *Elegías, III. Elegías lamentables* (Madrid, Tipografía de la Revista de Archivos, 1910). El primero y tercer poema de la serie de *El Cojo Ilustrado*, están incluidos en el segundo libro y no tienen título; según los versos primeros son: «¡Ay!, ¡qué luto de estrellas y de música! Hombre...» y «Estoy negro de vicio, de sol y de pereza, ...» Los otros dos poemas aparecen en el tomo III, *Elegías lamentables* y son: «En el sol melancólico —¡oh! ¡tedio vespertino!—...» y «Hombres en flor — corbatas va-

---

de la obra llevó al poeta a corregir y cambiar muchos de sus poemas a través de los años, hasta *Leyenda*, obra póstuma monumental que representa cuarenta y cinco libros «revisados» por Juan Ramón y recopilados por Antonio Sánchez Romeralo, Cupsa Editorial. Madrid, 1978.

riadas, primores...». Estos cuatro poemas se habían publicado en el número 8 de *Renacimiento*, de octubre de 1907, como parte de una selección mayor de las *Elegías puras* y las *Elegías intermedias*. No hay variaciones entre las versiones de la revista y de los libros.

Juan Ramón compartió con Rubén Darío toda una página de *El Cojo Ilustrado*, la 387 del número 397, 1.º de julio de 1908. Estaba ilustrada con una bella composición fotográfica de H. Avril y su esposa, él con su cámara y ella sentada en las protuberantes raíces de un gran tronco de árbol americano. El grabado ocupa la mitad de la página y debajo, en la primera y segunda columna aparecen los poemas «¡Eheu!» y «Sum...», de Darío, de *El canto errante*, publicado en Madrid en 1907. En la tercera columna, bajo el título «Pastorales», está el poema de Juan Ramón, cuyo primer verso es: «María... cuando la luna...», incluido sin título en la colección de ese nombre, y publicado en una serie de nueve, en el número 10 de diciembre de 1907 de *Renacimiento*. Entre la versión de la revista venezolana y la del libro *Pastorales* hay leves variaciones que a continuación subrayamos. Como de costumbre, las correcciones dan al poema un tono más lírico y profundo. En la revista las estrofas no están separadas.

Versión de *El Cojo Ilustrado*
Aquí mataron a un hombre,
allí un hombre se mató...
Cada cruz *enseña* un nombre...
—¿Los has leído? —Yo no...,
....
....
....

—¡Ay! Si la noche pudiera
poner sobre estos *horrores*
una blanca primavera
de caricias y de flores...

Versión de *Pastorales*
Aquí mataron a un hombre,
allí un hombre se mató...
Cada cruz *ostenta* un nombre...
—¿Los has leído? —Yo no...,
....
....
....

—¡Ay! Si la noche pudiera
poner sobre estos *dolores*
una blanca primavera
de caricias y de flores...

La última colaboración de Juan Ramón en el año 1908 fue la del número 399 del 1.º de agosto. Se trata de un poema corto de tres estrofas bajo el título «Elegía pura», al final de la columna del medio de la página 442, con textos en prosa y sin ilustraciones. El poema, cuyo primer verso es: «La tristeza amarilla del sol mustia su lumbre...», está en el libro *Elegías puras*, sin título y sin variantes.

Al año siguiente, el XVIII de la revista, aparecieron dos críticas de la obra juanrramoniana. La primera era una nota breve del escritor venezolano Rufino Blanco Fombona, bajo el título «Notículas»; la segunda era un artículo largo y favorable de Enrique Díez Canedo. «Notículas» salió en el número 409 de *El Cojo Ilustrado*, del 1.º de enero de 1909, en las páginas 11 y 12. Consiste de unos fragmentos a manera de diario con el nombre del lugar y la fecha de escritura. En el primero, fechado: «Madrid: 22 de mayo, 1904», Blanco Fombona se queja de haber llegado a esa ciudad enfermo y de haber pasado seis días «solo y triste en un cuarto de hotel». Cuenta que fueron a verle Pérez Triana y Juan Ramón Jiménez. Es notable que Blanco Fombona use el nombre completo del poeta, aunque éste aún no se firme así, por razones que él mismo da en el «Glosario» de la revista *Helios*, correspondiente a julio de 1903: «Algunos simpáticos compañeros se han empeñado en añadir tres letras a mi pobre R y en creer que yo —Juan Ramón Jiménez— me llamo Juan Ruiz... Séame concedido abreviar mi nombre vulgarísimo... Así pues, a los compañeros que me llaman tan cariñosamente Ruiz, les ruego con encarecimiento que no me lo llamen, y que después de mi R pongan sólo un punto» (págs. 464-465).

Este Juan R. Jiménez es ya un poeta de renombre, Blanco Fombona dice en sus «Notículas» que es «uno de los poetas jóvenes que más ruido está haciendo en España» y menciona, además, que vive en un sanatorio, que es una persona sin afectación, romántico, sin conocimiento de la vida, pero «culto, social e intelectualmente». Describe su físico: «de piel blanca, a pesar de ser andaluz, ojos lánguidos y obscuros, y una barbilla negra de corte un poco a la Boulanger». Sus versos le parecen: «llenos de silencio y como forrados de algodón», y concluye: «Cuanto a factura, nada nuevo: romance octosílabo, manejado con soltura, eso sí; y lleno de frescura juvenil» (pág. 11).

Para la fecha de la escritura de esta nota, Juan Ramón acababa de publicar *Arias tristes*, libro que Blanco Fombona no menciona; pero la descripción es en parte trasunto de la obra, Juan Ramón «es un poeta nocturno, cantor de la blanca luna y de la melancolía de la media noche, en los jardines de los conventos y en los dormidos campos». Pasando por alto el carácter melodioso del octosílabo juanrramoniano, Blanco Fombona se fija en que no aporta innovaciones técnicas, lo que no es de extrañar, pues como precursor del modernismo en América y propulsor de esa tendencia en Venezuela, su aporte mayor consistió en renovaciones técnicas que Juan Ramón no había intentado aún.

Para la fecha en que Díez Canedo comenta la obra de Juan Ramón, éste había ensayado metros y ritmos nuevos. Esta crítica, titulada «Olvidanzas» «Las hojas verdes», salió en el número 416 de *El Cojo Ilustrado*, del 15 de abril de 1909 y ocupa las páginas 228-229, ilustradas con unos grabados de escenas barcelonesas por el fotógrafo Francisco Puig Coré. La primera de estas dos páginas estaba encabezada por un pequeño retrato, entonces reciente y hoy poco conocido, de Darío, sentado con un bastón en la mano, la cara de perfil, con pequeña barba y bigote. Bajo el retrato aparecía su poema «A Carrasquilla Maĺarino», que lleva al pie la fecha 1909 y en la página siguiente, al final del artículo de Díez Canedo, está un poema de Juan Ramón titulado «Lluvia de otoño», con el epígrafe: «Llueve, llueve dulcemente». Como de costumbre, los poemas están en letra bastardilla, para diferenciarlos de la prosa.

La crítica de Díez Canedo se había publicado ya en la revista española *La Lectura*, de febrero de 1909 (año IX, número 98), bajo la sección «Poesía» y era una reseña titulada «'Olvidanzas. 1. Las hojas verdes', 1906, por Juan R. Jiménez, Madrid, 1909». Díez Canedo suplía lo que faltaba en la vieja crítica de Blanco Fombona, porque comentaba las innovaciones técnicas de *Las hojas verdes*, diciendo que Juan Ramón se valía para la rima, no de la terminación de una palabra, sino de una sílaba central y de rimas de parentesco fonético; hacía comparaciones pertinentes con los autores clásicos españoles y extranjeros que buscaron ciertos efectos rítmicos con innovaciones parecidas, entre ellos Fray Luis de León, Lope de Vega y el italiano Giovanni Pascoli, y concluía que estas «al parecer menudencias del oficio», bien estudiadas, podrían enriquecer fácilmente el campo de la versificación española» (pág. 229).

El poema de Juan Ramón al final del artículo, titulado «Lluvia de otoño», aparece en el libro *Las hojas verdes* con el título «Lluvia de oro» y se había publicado en *La Lectura* en el número 973 de enero de 1909, como el segundo de un grupo de tres bajo el título general: «De 'Olvidanzas' por Juan R. Jiménez». El segundo poema de los tres, salió con el título «Ramo de dolor» en el número 417 de *El Cojo Ilustrado*, del 1.º de mayo de 1909, bellísimamente presentado como el primero de dos poemas modernistas enmarcados por un dibujo en la mitad superior de la página 243. En la otra mitad aparecía el cuadro de P. Hey «En noche de verano. (Escuela Tyrolesa)». El poema que acompañaba al de Juan Ramón, como únicos textos en la página, se titulaba «Claro de luna» y era obra de Eduardo Carreño, respetado hombre de letras venezolano que, como poeta modernista no pasó a la historia; pero a quien la revista le rindió homenaje por su vasta labor literaria.

En 1910, las composiciones de Juan Ramón aparecen en tres números de *El Cojo Ilustrado*. En el 437, año XIX, del 1.º de marzo, bajo un pequeño grabado de indios americanos y a lo largo de la segunda columna se encuentra una serie de tres poemas bajo el título «De 'La soledad sonora'», cuyos primeros versos son: «La tarde llora en sus dolientes transparencias...», «El cielo azul endulza las penas y las cosas...» y «Crepúsculo de enero». Un sol divino dora...». A lo largo de la tercera columna, bajo el título «De 'Elegías lamentables' hay otros tres poemas: «Esta especial fijeza del sol en los verdores...», «Sobre la calle en sol de siesta y de verano...» y Aun, esta noche, yerra por mi barba de oro...» De nuevo, esta colaboración había aparecido en *La Lectura*, en el número 109 de enero de 1910, con una selección adicional de «Versos accidentales». Entre las versiones de las revistas y la de los libros a los que pasaron estos poemas: *La soledad sonora*, fechado en 1908 y publicado con las *Elegías lamentables* en 1910, apenas hay cambios, excepto de puntuación y las leves variantes de las estrofas que se siguen.

En la última estrofa del poema cuyo primer verso es: «Sobre la calle en sol de siesta y de verano...», se cambia una conjunción:

Versión de *El Cojo Ilustrado*
Las vísperas. El agua blanca
[brilla a lo lejos...
La tarde es todo amor... En
[las hondas moradas
duermen, soñando, los enfer-
[mos, y los viejos,
con sexos negros ó con bocas
[encarnadas...

Versión de *Elegías lamenta-*
bles
....
....
....
con sexos negros y con bocas
[encarnadas...

El sencillo cambio de la conjunción *ó* a *y* superlativiza la visión casi malsana del final de este poema, final sorpresivo, para el que no preparan las estrofas anteriores, lírica descripción de una tarde estival.

El otro cambio ocurre en la primera estrofa del poema cuyo primer verso es: «Aun, esta noche, yerra por mi barba de oro...»:

Versión de *El Cojo Ilustrado*
....
....
el cielo estaba gris..., y yo besé
[el tesoro
de su *belleza* y de su amor y
[de su llanto.

Versión de *Elegías lamenta-*
bles
....
....
el cielo estaba gris..., y yo besé
[el tesoro
de su *emoción* y de su amor y
[de su llanto.

De nuevo, el verso gana con el cambio, adquiere una dimensión más honda y lírica.

El segundo trabajo de Juan Ramón en la revista venezolana, en 1910, parece haberse elegido para completar la sección «Páginas Extranjeras» del 15 de mayo, núm. 442, porque es un fragmento de «Paisajes líricos» ya publicado en el número 389 del 1.º de marzo de 1908. Pero esta vez el título es «Pasajes líricos» y aparece al principio de la columna del centro; seguido por la traducción de un trozo de Mauricio Rollinat titulado «El cuarto», con el epígrafe «Francesa». Lo de Juan Ramón lleva el epígrafe «Española», y en la primera columna de esta página, que no está

ilustrada, se encuentra la conclusión del cuento de H. G.
Wells, «El paso del cometa». Excepto por el hecho de jun-
tar en un trozo dos fragmentos distintos de los «Paisajes
líricos», no hay variación entre las versiones.

La última colaboración de Juan Ramón en 1910, va
acompañada de su retrato, en el número 444 del 15 de junio, y consiste de tres selecciones bajo el título «De 'Poemas mágicos y dolientes'» en la primera columna de la
página 361, encabezada por una viñeta, con el retrato ocupando las otras dos columnas hasta la mitad de la página.
De allí para abajo hay un cuento o episodio breve, titulado «El náufrago», por Luis Tablanca, pseudónimo de Enrique Pardo Farelo, un cuentista colombiano poco recor-
dado. El cuento pudiera tener una tenue relación con el
retrato de Juan Ramón, ya que describe a un hombre «de
faz marfileña y barba muy oscura» sentado «en la linde
desolada de la ribera de un mar de ensueño». Pero este
hombre termina por parecer «un pedrusco», debido a las
espumas que se pegaban a su cuerpo. Decía que era poeta,
y entre sus visiones, había visto «a una virgen adolescente, blanca como las espumas y como las espumas fugaz».
El retrato de Juan Ramón era un dibujo por Leoncio M.
Martínez, de un cuadro pintado por Sorolla en el que el
poeta está vestido de blanco, sentado contra una ventana
abierta, con un libro en la mano derecha.

Leoncio Martínez era dibujante, escritor y poeta venezolano «enamorado del impresionismo», y *El Cojo Ilustrado*, que esto decía, daba «muestras de su fecundidad como
artista del lápiz, de la prosa y de la rima» publicando en
ese mismo número, un cuento, unos versos y varios dibujos de él, entre ellos el de Juan Ramón. Por tarjetas de
1910 de los Sorolla al poeta (en el «Legajo Juan Ramón
Jiménez», del Archivo Histórico de Madrid); se puede afir-

mar que el retrato fue pintado por Sorolla ese año, como sugiere Francisco Garfias en la «Iconografía» de su *Juan Ramón Jiménez* (Madrid, Taurus, 1958), porque Sorolla estuvo en Moguer para esa fecha como huésped de la familia de Juan Ramón, mientras se ambientaba en la cercana Rábida para pintar un cuadro de Colón que le había encargado la «Hispanic Society» de Nueva York. Los títulos de los poemas al lado del retrato son: «Otoño», «Organillo» y «Madrigal de ausencia» y habían aparecido en el número 112 de *La Lectura,* de abril de 1910, con otras dos composiciones de *Poemas mágicos y dolientes,* libro de 1909, publicado por la Revista de Archivos en 1911. Entre los versos de *El Cojo Ilustrado* y los del libro hay las variantes que paso a señalar:

Versión de *El Cojo Ilustrado*	Versión de *Poemas mágicos y dolientes*
«Organillo»	
No llame á la nostalgia	No llame a la nostalgia
tu música de luz; *deja el anti-*	tu música de luz; *mira* el anti-
[guo	[guo
dolor del corazón *sobre la*	dolor del corazón *junto* a la
[tumba	[tumba
de aquel amor romántico y	de aquel amor romántico y
[marchito.	[marchito.

En la segunda versión se ha cambiado el sentido de la estrofa, de indiferencia, en el primer caso, a compulsión.

En el poema «Madrigal de ausencia», se cambia un adjetivo:

Versión de *El Cojo Ilustrado*	Versión de *Poemas mágicos y dolientes*
No me dejes la noche,	No me dejes la noche,
acércate á mí .. ¡Blanca	acércate a mí... ¡Blanca
sea la pesadilla de mi vida,	sea la pesadilla de mi vida,
luminosa, serena y *perfumada!*	luminosa, serena y *aromada!*

El verso se ha enaltecido por el uso de un adjetivo más selecto, *aromada.*

En 1911, año XX de *El Cojo Ilustrado*, Juan Ramón colabora en sólo un número, el 466 del 15 de mayo. En la tercera columna de la página 276, sin ninguna ilustración y con la conclusión de un cuento de R. Benavides Ponce, aparece el poema titulado «Retreta nocturna», con el epígrafe de Jules Laforgue «La retrait sonné au loin...» más una serie de tres poemas bajo el título general de «Elegías», cuyos primeros versos son: «Otoño. Vienen músicas, ladridos, dulces gritos...», «Qué triste decadencia de cariño, de vida...» y «Una a una, las hojas secas van cayendo...». Este último lleva un epígrafe de A. Samain»: «Et chaque feuille d'or tombe, l'heure venue, / ainsi qu'un souvenir, lente, sur le gazon». Todos estos poemas habían aparecido en *La Lectura*, en el número 122 de febrero de 1911; pero un error de imprenta en ésta, que no aparece en *El Cojo Ilustrado*, me hace pensar que, pese a la asiduidad con que las mismas cosas de Juan Ramón aparecen en ambas revistas, no se trata de reimpresiones, sino de material que el poeta enviaba a cada una. En una carta de Juan Ramón al «Sr. Director de 'El Cojo Ilustrado'» consta que hacía los envíos directamente; pero la carta no tiene fecha, Francisco Garfias, que la incluye en su edición de *Cartas* (*Primera selección*), (Madrid, Aguilar, 1962), piensa que pudiera ser de 1912. Por su interés, la transcribimos en su totalidad:

Mi querido amigo:

Más vale tarde que nunca, ¿verdad? No fue olvido la causa de esta tardanza mía en contestar a su afectuosísima carta —que llegó hace mucho tiempo acompañada de dos paquetes con los números de su bella revista—. Siempre sucede lo mismo. Cuando quiero escribir una carta reposada, van pasando días y el ins-

tante no llega. Ha llegado. Le envío tres poesías inéditas y le prometo enviárselas con frecuencia. También van mis últimos libros. Yo, desde que recibí los
mencionados paquetes y a pesar de que usted me
dijo que daba órdenes para que me enviasen 'El
Cojo' quincenalmente, no he tenido el gusto de recibir nada. Si fue castigo de mi silencio, bien merecido lo tengo. Quiero a esa casa como a casa de hermano. Aparte del afecto que guardo a todo lo hispano americano, amigos fidelísimos reclaman mi recuerdo: Díaz Mirón, Blanco Fombona, usted...

Van a esa dirección otros dos paquetes, que suplico a usted entregue a los desinatarios cuya dirección
ignoro.

Muchas gracias por todo y sepa que, callado o hablando, es siempre suyo afmo. amigo y servidor,

Juan R. Jiménez

Moguer (Huelva) (págs. 99-100).

Juan Ramón recibió *El Cojo Ilustrado*. En la Casa-Museo de Moguer se conservan doce volúmenes de la revista,
de 1903 a 1914. Aunque no conozco otra correspondencia
que la mencionada, basta ésta para apoyar la tesis de la
colaboración directa de Juan Ramón, que el error no recogido por la revista venezolana, confirma. Se trata del
poema «Otoño. Vienen músicas...» (primer verso) en el
que aparece en *La Lectura* la palabra *norias* donde debiera decir novias:

Versión de *La Lectura*
Las sonrisas se amargan. Y las rosas podridas
dan al alma doliente una vaga fragancia
de blancas *norias* muertas, de largas despedidas
de cementerios y de amores de la infancia.

La frase «fragancia / de blancas norias muertas» no tiene sentido ni aun metafóricamente, por ser un elemento ajeno al texto; sin embargo, las «blancas novias muertas» son un motivo clave y recurrente en la poesía juanramoniana, y ésta es la frase que aparece en el texto de *El Cojo*. Esta conclusión no se puede verificar de otro modo, porque ni este poema, ni el que le sigue en la revista venezolana («Qué triste decadencia de cariño...») se incluyeron en los libros titulados *Elegías*, ni en ninguna otra colección juanrramoniana. El tercer poema de la serie, «Una a una las hojas secas van cayendo...» pasó a la parte titulada «Elejías» de la *Segunda antolojía poética 1898-1918*, publicada por Espasa Calpe en Madrid en 1922 y presenta correcciones de más envergadura que las notadas hasta ahora; pero hay que tener en cuenta que median diez o más años entre las dos versiones y que Juan Ramón ha entrado en el período de la poesía desnuda, a raíz de su matrimonio en 1916. Confronto ambas versiones:

Versión de *El Cojo Ilustrado*
Una á una, las hojas secas
[van cayendo
de mi corazón mustio, doliente
[y amarillo...
el agua que otro tiempo *lo*
[*acarició* riendo,
está parada, negra, sin cielo ni
[estribillo.
¿Fue un sueño *el* árbol ver-
[de, paraíso de frescura,

lleno de carne rosa, de sol y
[de canciones?
¿La primavera fue una triste
[locura?
Siento aquella florida bandada
[de ilusiones?

Versión de la *Segunda antología poética*
Una a una, las hojas secas
[van cayendo
le mi corazón mustio, doliente
[y amarillo.
El agua que otro tiempo *salio*
[*de él*, riendo,
está parada, negra, sin cielo ni
[estribillo.
¿Fue un sueño *mi* árbol verde, *mi copa* de frescura,
mi fuente entre las rosas, de
[sol y de canciones?
¿La primavera fue una triste
[locura?
¿*Viento* aquella florida banda-
[da de ilusiones?

Quedará un tronco seco, con
    [un nido desierto;
y el ruiseñor que se miraba en
    [la laguna,
será espectral y mudo entre el
    [ramaje yerto
hecho ceniza por la vejez de
    [la luna.

Será mi seco tronco, con su
    [nido desierto;
el ruiseñor que se miraba en
    [la laguna,
callará, espectro frío, entre el
    [ramaje yerto
hecho ceniza por la vejez de
    [la luna.

Los extensos cambios permiten clasificar la composición en la *Antolojía* como un «poema revivido», es decir, una inspiración igual en circunstancias diferentes. En *El Cojo Ilustrado*, la visión de un paisaje interior creada en los dos primeros versos, se pierde, por la referencia en el tercero a un elemento al parecer, exterior: «el agua que otro tiempo lo acarició riendo». Esta visión exterior se acrecienta en la segunda y tercera estrofas por falta de adjetivos posesivos, no así en la *Antolojía*, en la que el reiterado uso del posesivo: «el agua que otro tiempo *salió de él*», «*mi* copa», «*mi* fuente», «*mi* seco tronco, con *su* nido», sostiene la exquisita y subjetiva visión de un paisaje interior. Además, en el segundo verso de la segunda estrofa, la frase «*mi* fuente entre las rosas», superlativiza, reintegrándose al motivo *agua* de la primera estrofa, y la frase «espectro frío» de la tercera estrofa actualiza lo que en la primera versión es sólo una posibilidad; además, el uso del verbo *callar*, en lugar del adjetivo *mudo*, enriquece la significación, ya que implica que antes ha cantado. La dimensión de privación, muerte y estancamiento, se acentúa con el nuevo verso. En cuanto a la substitución de *viento* por *siento*, que nos da en el cuarto verso de la segunda estrofa, la corrección es magistral, ya que implica que sus ilusiones han sido llevadas por el viento, lo que es de mucho mayor valor lírico que el preguntarse si *se siente* lo que fue y ha dejado de ser.

Juan Ramón no vuelve a publicar en *El Cojo Ilustrado* hasta 1913; pero en 1912, año XXI de la revista, en el número 500 del 15 de octubre hay dos páginas con una reseña de Ramón Hurtado titulada «La tristeza de Juan Ramón Jiménez» (páginas 567-568). Hurtado había ganado una mención honorífica en un concurso de prosa promovido por un periódico de Caracas y después escribió prosas poéticas y cuentos líricos: Su reseña indica conocimiento de la obra de Juan Ramón y gran sensibilidad poética. Encomioso la mayor parte de las veces, lo llama «el más exquisito cancionero que haya cantado nunca sus canciones bajo el cielo de España» y añade que «sus versos llegan a la más alta expresión emotiva y quizá por eso sean los más intensos, los más hondos, los más *versos* de cuantos se han escrito en España después del gran Gustavo Adolfo Bécquer» (pág. 567). En opinión de Hurtado, la naturaleza era núbil hasta que Juan Ramón se desposó con ella; pero como en el caso de Blanco Fombona, cree que esta poesía carece de innovaciones técnicas, aun así, la celebra: «Alguien encontrará en los versos de Juan Ramón Jiménez una gran pobreza métrica y un léxico muy reducido. Para otros, en vez de un defecto, quizá sea esto el mayor encanto de sus versos» (pág. 568). Hurtado celebra la facilidad métrica y la exhuberancia de la poesía de Marquina y Villaespesa y concluye que la monotonía de la rima ecuánime de Juan Ramón en su admirable libro *Pastorales*, llega a cansar. El artículo contiene citas de la poesía, datos biográficos y alusiones a las opiniones de otros críticos.

La falta de colaboración juanrramoniana en las páginas de *El Cojo Ilustrado* en 1912, corresponde de nuevo, a las peripecias de su vida. La mayor parte de este año la pasó preparándose para el regreso a Madrid, lo que por razones económicas y personales tuvo que posponer hasta el 27 de diciembre. Su colaboración no aparece siquiera en las revistas de España hasta junio de 1913, en que vuelve a publicar en *La Lectura*. En ese mismo año resume la colaboración en *El Cojo Ilustrado*. En el número 522, año XXII, del 15 de septiembre de 1913 apareció un largo poema juanrramoniano hasta entonces inédito, bajo el título «De 'Poemas agrestes'». Ocupa la mitad de la primera y segunda columna de la página 506 y está encabezado con un bello friso.

Esta composición presenta inesperadas sorpresas. *Poemas agrestes* es el título de uno de los libros inéditos del poeta, escrito entre 1910-1911 y representado por selecciones en las «antologías». Está dividido en cinco partes, de las cuales la primera, tercera y quinta llevan el mismo nombre que el título. El poema que apareció en la revista venezolana es de doce estrofas alejandrinas. En la colección póstuma *Libros inéditos de poesía. 1.* (Madrid, Aguilar, 1964), selección, ordenación y prólogo de Francisco Garfias, aparece como cuatro poemas diferentes, de tres estrofas cada uno. Las tres primeras constituyen un poema titulado «Domingo», incluido como parte de *Esto*, otro libro inédito de 1908-1911 (*Libros inéditos*, pág. 186); las estrofas cuarta, quinta y sexta forman otro poema titulado «Abril triste», incluido en *Poemas agrestes* de *Libros inéditos* (pág. 256); las estrofas séptima, octava y novena, pasan a ser el último de los *Poemas agrestes* (*Libros inéditos*, pág. 274), y no lleva título, el primer verso es: «La brisa suave juega con las dulces verbenas...», y por último, las estrofas diez, once y doce se convierten en el poema «Jira», también de *Poemas agrestes* (*Libros inéditos*, pág. 255).

Las variaciones entre la versión de *El Cojo Ilustrado*

y la de sus derivados en *Libros inéditos de poesía,* son leves, con diferencia de puntuación y de mayúsculas. Comparo, dando el número de las estrofas en el poema publicado en la revista venezolana:

Versión de *El Cojo Ilustrado*
1.

En el fondo pacífico del
[agua *obscura* y fría
Una nube viajera, como un
[sueño se pierde
Mientras viene en la brisa
[del azul mediodía
Un dulce són de *esquila,* de
[allá del valle verde.

2.

A solas voy conmigo, en
[infinita calma,
Peregrino callado de las
[arenas rojas,
Sin otra compañía que la
[sombra del alma,
Ni otra *música* que la del
[viento entre las hojas.

3.

Muere el hombre. No tie-
[ne *la vida* más tesoro
Que la eternidad *clara.*
[Hermanos son del duelo
la *dulce* rosa blanca que el
[sol hace de oro,
El pájaro tranquilo que
[*cruza* por el cielo...

8.

Un florido trinar de *le-
ves* pajarillos
Orna los nidos secos, en-
[tre las altas piñas;

....
....
9.

Versión de *Libros inéditos de
poesía*
«Domingo»
En el fondo pacífico del
[agua *verde* y fría,
una nube viajera, como un
[sueño, se pierde,
mientras viene en la brisa del
[azul mediodía
un dulce son de *esquilas* de
[allá del valle verde.

....

....

....

Ni otra *palabra* que la del
[viento entre las hojas.

Muere el hombre. No tienen
[*los sueños* más tesoro
que la eternidad *alta.* Herma-
[nos son del duelo
la *suave* rosa blanca que el sol
[hace de oro,
el pájaro tranquilo que *vaga*
[por el cielo.
(«La brisa suave juega con las
dulces verbenas...»)
Un florido trinar de *verdes*
[pajarillos
orna los nidos secos, entre las
[altas piñas;

....
....

¡Todo en la hora *cínica*
[se idealiza y se encalma,
....

10.
....

Mas, agudas, *cortantes*,
[las voces de la vida
me llaman a las hondas
[tristezas del regreso...

11.

Indolente, la mano per-
[dida, acariciaba
El agua del arroyo, la flor
[de la *pradera*...
¡*El* pobre corazón mustio,
[se alertagaba
Cual para renacer en otra
[primavera.

12.

Sin duda no ha servido
[de *nada*... *Por* la venda
De la ceguera eterna, se ve
[el revés del *cielo*...

¡*Oh!*, ¡sé bien que el encan-
[to de la perdida senda
Lleva siempre a un lugar
[humano y sin consuelo!

Todo en la hora *lírica* se
[idealiza y se encalma,
....

«Jira»
....

Mas, agudas, *constantes*, las
[voces de la vida
nos llaman a las hondas tris-
[tezas del regreso.

—¡*No!*—... *Indolente*, la ma-
[no perdida, acariciaba
el agua del arroyo, la flor de
[la *pradera;*
y el pobre corazón mustio se
[alertagaba
cual para renacer en otra pri-
[mavera.

Su duda no ha servido de
[*nada.*
Por la venda
de la ceguera eterna, se ve el
[revés del *cielo.*
¡*Ay!* ¡Sé bien que el encanto
[de la perdida senda
lleva siempre a un lugar hu-
[mano y sin consuelo.

Las correcciones que he subrayado, no son de gran importancia; pero prueban la constante depuración de la obra. El cambio de *agua obscura y fría* a *agua verde y fría* de la estrofa 1. es justificable: en el *azul mediodía* que se describe, el agua reflejará el color de la fronda, no la ausencia de la luz. En la estrofa 2., *ni otra palabra* en vez de *ni otra música,* armoniza más con la privación que expresa el hablante. En la estrofa 3. los cambios idealizan la expresión. En la 8., el cambio de *leves pajarillos* a *verdes pajarillos* es justo, ya que el color y no la cualidad *leve,* «orna los nidos secos» del verso que sigue. En la estrofa 9., la expresión *hora cínica* desentona en un verso que habla de la idealización del paisaje, *hora lírica*, corresponde. En la estrofa 10, el cambio de *cortantes, las voces de la vida* a *constantes las voces de la vida* es también más armonioso con el contexto y, por último, en las estrofas 11. y 12. la expresión se ha hecho más enfática y natural.

La colaboración que he comentado es la última de Juan Ramón en *El Cojo Ilustrado,* que cesó de publicarse año y medio después; pero no fue la última colaboración del poeta de Moguer en América.

ATENEO DE HONDURAS

En 1913 apareció una buena revista literaria centroamericana: *Ateneo de Honduras,* órgano de la sociedad del mismo nombre, de Tegucigalpa. Salió mensualmente de 1913 a 1922 y tuvo una segunda época, de enero 25 de 1926 a diciembre del mismo año. Era de tamaño corriente, impresa con gran nitidez, la plana de redacción estaba compuesta de los escritores más notables del lugar. Froilán Turcios, el Director, periodista, narrador y poeta, era, con Juan Ramón Molina, la figura más destacada del movimiento modernista que se agrupaba a su alrededor.

En el número 2 del 22 de noviembre de 1913, año I del *Ateneo de Honduras,* se publicó un poema firmado con el consabido Juan R. Jiménez y titulado, como el primer verso: «Una voz, una palabra...». Compartía la página 59 de la revista con la conclusión de un cuento de Edgar A. Poe. El poema pertenece al libro *Jardines lejanos,* donde aparece sin título, en la tercera parte, «Jardines dolientes» y con un epígrafe de Rodenbach: «Silence: Deux senteurs

en un meme parfum; / Penser la meme chose et ne pas se
le dire», que no está en la versión de la revista.

La otra colaboración en el *Ateneo de Honduras* que
corresponde a la época de iniciación en América es el famoso poema «Carta a Georgina Hübner», que salió en el
número 16 del año II, del 22 de enero de 1915. Era el único texto en las páginas 476-476 y está impreso en caracteres claros, con las citas tomadas de las cartas de Georgina al poeta, del verano de 1904, bajo el subtítulo «En
el cielo de Lima», y a manera de epígrafes. Transcribimos
estas citas:

> .... Pero á qué le hablo á usted de mis pobres
> cosas melancólicas; ¿a usted a quien todo sonríe?
> .... con un libro en la mano, ¡cuánto he pensado
> en usted, amigo mío!
> .... Su carta me dio pena y alegría; ¿por qué
> tan pequeñita y tan ceremoniosa?

El poema es trasunto de los sucesos reales relacionados con la correspondencia firmada por esta señorita peruana. Como he dicho en otra parte, ella se revelaba como
una mujer comprensiva, romántica, sensitiva, capaz de
despertar la admiración y amor del poeta, sus palabras
oscilaban entre el apasionamiento y la discreción, en un
sagaz juego femenino destinado a mantener vivo su interés. El que una mujer real fuera o no la autora importa
poco, las cartas eran reales y el enamorado poeta hasta
quiso ofrecerle su mano a esta mujer americana, y así se
lo dice en el poema: «Quise entrar en tu vida y ofrecerte
mi mano / noble cual una llama, Georgina...». El poema
fue incluido en *Laberinto* (1910-1911), publicado en Madrid por Renacimiento en 1913. Entre la versión de la revista y la del libro no hay variaciones.

REVISTA MODERNA DE MEXICO

Reimpresiones de la obra de Juan Ramón y de la crítica de su obra aparecieron entre 1903 y 1911 en cuatro números de la *Revista Moderna de México*, considerada por Max Henríquez Ureña, en su *Breve Historia del Modernismo*, como «vocero del movimiento modernista en todo el continente».[6] Había sido fundada por Jesús E. Valenzuela, poeta menor, a quien Henríquez Ureña caracteriza como «animador del arte y la poesía... Mecenas, (que) se significó como lazo de unión entre los hasta entonces dispersos representantes de las nuevas tendencias. Generoso y caballeresco, con algo de aventurero y de gran señor» (pág. 465). La revista tuvo dos épocas, como *Revista Moderna*, se publicaron seis volúmenes, de 1898 a 1903. El primer número salió el 1.º de julio de 1898 y cada quincena hasta el 15 de diciembre de ese año. En 1899 se publicó mensualmente y el año III (1900), volvió a salir quincenalmente hasta agosto. A partir de septiembre tomó el nombre de *Revista Moderna de México* y Amado Nervo pasó a ser propietario adjunto, con Valenzuela. Nervo era ya un escritor de renombre, su novela *El bachiller*, de 1895, había causado sensación; *Místicas*, su primer libro de versos, de 1898, influido por Verlaine, fue bien recibido, así como las otras cuatro colecciones que le siguieron, entre ellas *El éxodo y las flores del camino*, de 1902, que Juan Ramón había reseñado en la revista *Helios*, en el número de octubre de 1903 en la sección «Letras de América», bajo el título: «Un libro de Amado Nervo». Con esta reseña hizo su debut en la *Revista Moderna de México*, en

---

[6] *Breve historia del modernismo*, México, Fondo de Cultura. 1954, pág. 465.

la sección «Notas Bibliográficas», con el subtítulo: «Un Libro de Amado Nervo» e indicando su procedencia: «(De la revista española 'Helios')». Esta colaboración aparece en el Número I, septiembre 1903-febrero 1904, páginas 210-212.

En comparación con *El Cojo Ilustrado*, la *Revista Moderna* era pequeña, medía 16 × 24 cms.; pero estaba impresa en papel satinado, las páginas ilustradas con viñetas y frisos. En el «Estudio preliminar» a la obra *Indice de la Revista Moderna, 1898-1903*, Héctor Valdés comenta que las colaboraciones de dibujantes y pintores eran numerosas y que a partir del año IV (1901), Julio Ruelas, que había sido el principal ilustrador, pasó a ser, junto con los poetas Nervo y José Juan Tablada, «el colaborador más constante y característico de la publicación».[7] Ruelas fue el ilustrador de las páginas en que aparecieron las cosas de Juan Ramón, dibujando los frisos que las encabezaban y las viñetas que las remataban.

De la *Revista Moderna de México* se publicaron dieciséis volúmenes, de 1903 a 1911. Su carácter quedaba descrito en el número que antecedió al cambio (núm. 1 , año VI, 2.ª quincena de agosto, pág. 256):

Nueva faz de nuestra publicación. / Realizando añejas aspiraciones por las cuales ha trabajado sin descanso, la *Revista Moderna* se metamorfoseará por completo desde el mes de septiembre próximo, en el cual aparecerá bajo la forma de un magazine mensual, de numerosas páginas, ilustrado, y con variadísimas secciones científicas, literarias, artísticas,

---

[7] *Indice de la Revista Moderna. Arte y Ciencia. 1898-1903*, Universidad Nacional Autónoma de México, 1967 (IE. 1968), pág. 20. Parte de la información sobre esta revista, procede de esta obra.

sociales, informativas, etc. / Para los suscritores de la Revista el precio será el mismo, a pesar del material literario, artístico y científico que se les dará en el número, el cual será muy superior a los dos de la Revista que se reparten ahora mensualmente.

Se advertía, además, que el aumento y transformación del periódico no afectarían el carácter de la sección literaria, «la cual seguirá siendo tan escogida y cuidadosa como ahora y conservará su sello usual, no modificándose sino en el sentido de la mayor prodigalidad del material y dibujo».

La *Revista* regalaba libros de Nervo a los que renovaban su suscripción y si lo hacían por todo el año de 1903, ofrecían un ejemplar de *El éxodo y las flores del camino*, de Nervo, ilustrado por Ruelas. La reseña que Juan Ramón escribió sobre esta obra era sinestésica. Hablaba de escritores cuyos libros despertaban en el alma sensaciones de determinados colores. La poesía de Nervo le parecía «una graduación suave de azules, grises y blancos: países nocturnos, estrellas, jardines de niebla, bruma de sueños, troncos de abetos, nieve de montañas, canas y... besos» (pág. 210). Aventuraba juicios aún por madurar sobre la poesía de América: «Después de mucha lectura he visto que los verdaderos poetas latinos de América son Rubén Darío, Amado Nervo e Icaza... Entre Nervo e Icaza —decía— yo encuentro grandes semejanzas; los dos son exquisitos; los dos saben bien lo que hacen; están enamorados de los mismos metros en el espíritu y en la forma, y hallan igualmente las palabras de sus rimas con una seguridad y una elegancia maravillosas» (pág. 211). Francisco de Icaza, diplomático mexicano residente por muchos años en Madrid, después se destacó más por sus ensayos y crítica que por su poesía. Nervo conquistó más triunfos como poeta modernista, a Juan Ramón le gustaba su melancólico tono y autoanalizaba su propia poesía al comentar la del mexicano: «Hay poetas a quienes amo con la frente, a éste lo quiero con el corazón; porque él adora a la luna y yo estoy muerto de cariño por la luna; porque él adora a las éstrellas, y yo no hago más que mirar a las estrellas; porque como él soy novio de la hermana Melancolía, porque Kempis también me puso enfermo, porque estoy esperando a Blanca-de-nieve, y no llega para él ni para mí» (pág. 212).

Pasaron tres años hasta que apareció de nuevo la obra de Juan Ramón Jiménez en la *Revista Moderna de México*. En el tomo VII, número 1, de septiembre de 1906, se publicó un poema bajo el título «Rimas», en una sección antológica titulada «La corte de los poetas» que reproducía «algunas poesías o algunos fragmentos que pueden servir de cebo para el lector deseoso de apreciar por sí mismo el rumbo de la poesía castellana a principios del siglo XX» (pág. 45). El trasfondo psico-biográfico de esta composición juanrramoniana interesa: es la misma publicada en *Arias tristes* sin título; el primer verso es, «En la quietud de estos valles...» y se incluye en la tercera parte titulada «Recuerdos sentimentales» con un nombre al pie: «Pirineos», lo que indica que tiene que ver con este paisaje francés, ya que Juan Ramón no residió en dicha región del lado español. El título «Rimas» con que aparece en la revista mexicana es el del libro que el poeta escribió en Francia. Es decir, que el poeta declara de tres modos diferentes que la inspiración corresponde a un paisaje ajeno, a un tiempo pasado: «Pirineos», «Recuerdos sentimentales», «Rimas». Posteriormente se ha querido ver en la obra juanrramoniana, por ejemplo, falsas descripciones de jardines inventados cuando el poeta escribe en Moguer; pero se trata de recreaciones de lugares vistos y recordados. En el poema que comento, la evidencia del paisaje ajeno está en la última estrofa:

> Que todo el valle se inunde
> con el llanto de tu flauta:
> al otro lado del monte
> están los campos de España.

En cuanto al resto de la colaboración de Juan Ramón en la *Revista Moderna de México,* los «Paisajes líricos» publicados en las páginas 297-298 del tomo XV, correspondiente a los meses de septiembre de 1910 a febrero de 1911, son los mismos que salieron en *Renacimiento,* en el número 7 de septiembre de 1907 y también en *El Cojo Ilustrado,* en el número 389 del 1.º de marzo de 1908, ya comentados. En la revista mexicana se dan no fragmentados, como en *Renacimiento* y ocupan dos páginas ilustradas con un friso de un lancero a caballo, como encabezamiento y rematado con una viñeta de un tema agrícola, ambos dibujos de Ruelas. En las páginas 164-170 del tomo XV hay también apreciaciones de Juan Ramón, entre otros, sobre la obra de Rubén Darío.

El lector atento notará que junto al nombre de Juan R. Jiménez al final de los «Paisajes líricos» está la cruz de imprenta que indica el fallecimiento reciente de un autor, y se sorprenderá al encontrar, en el tomo XVI de la *Revista Moderna,* de marzo de 1911, un homenaje al fenecido poeta, que lleva por título: «Juan R. Jiménez» y el epígrafe:

> La 'Revista Moderna' consagra algunas de sus páginas al poeta Juan R. Jiménez, cuya prematura muerte, acaecida en Madrid a fines del año pasado,

será, hoy por hoy, justa causa de pesadumbre para las letras hispanoamericanas.

«El año pasado» había sido el 1910, fecha en que, al cabo de cinco años de residencia en Moguer, Juan Ramón se había reintegrado a la vida cultural de Madrid a través de asiduas colaboraciones en *La Lectura,* la revista fundada por Francisco Acebal en 1900, y en *Prometeo,* revista de los Gómez de la Serna, que duró del 1908 al 1912, y con menos regularidad, en el *Cojo Ilustrado.* Dos de sus libros vieron la luz ese año de 1910: *Elegías lamentables* y *Baladas de primavera.* No he podido encontrar información alguna que aclare el equívoco; pero el homenaje fue una especie de cierre con broche de oro de las colaboraciones de Juan Ramón en la revista mexicana. Se le dedicaron once páginas, de la 41 a la 52, encabezada la primera por un friso apropiado: el dibujo de una lechuza al centro, con un libro abierto bajo las patas y cuatro teas ardientes a cada lado. Al fondo parecía verse un sol naciente o poniente contra una línea de rascacielos, que pudieran parecer otra cosa a otro observador. Remataba el homenaje una viñeta de Ruelas con la esquelética figura de la muerte, acompañada de canes, llamando con un clarín y una cabeza de Medusa contra el horizonte.

El homenaje de la *Revista Moderna* es el mismo del número de septiembre de 1907 de la revista *Renacimiento,* de Martínez Sierra, de donde salieron los «Paisajes líricos». Consiste de una reseña por J. Ortiz de Pinedo, comentando los primeros libros del poeta: *Ninfeas, Rimas, Arias tristes* y *Jardines lejanos,* seguida de una relación de «Obras de Juan R. Jiménez», que incluye las «Terminadas en manuscrito» y de una serie de «Opiniones» de artículos, cartas y libros, fechadas entre 1902-1906 y procedentes de los grandes autores de la época: Darío, Rodó, Rueda, Pardo Bazán, Manuel y Antonio Machado, Martínez Ruiz (después «Azorín»), Martínez Sierra y González Blanco.

En las «Obras de Juan R. Jiménez» aparecen títulos que no vieron la luz, como en el caso de *Penumbra*:

> *Penumbra*: Ninfeas, Sonetos románticos, Romances ingenuos, Oraciones.—*Rimas de sombra*: Paisajes de la vida, Primavera y sentimiento, Paisajes del corazón.—*Arias tristes*: Arias otoñales, Nocturnos, Recuerdos sentimentales.—*Jardines lejanos*: Jardines galantes, Jardines místicos, Jardines dolientes.

Se conserva la portadilla del poeta para su obra *Penumbra*, con una relación del contenido que corresponde a la citada. Esta portadilla lleva la fecha: Madrid, 1911, al pie, y la de 1901 seguido de la relación del contenido. El título fue deshechado a favor de *Anunciación*, que vio la luz, parcialmente en las «antolojías» posteriores. *Rimas de sombra* fue el pensado título para *Rimas*, con las tres planeadas partes que no llegaron a aparecer. La relación restante corresponde a las publicaciones que vieron la luz.

Entre las obras «Terminadas en manuscrito», se publicaron solamente algunas en su totalidad, como podrá apreciarse:

> *Palabras románticas*: Palabras románticas, Otras palabras románticas, Otras palabras románticas, Prosa.—*Pastorales*: La tristeza del campo, El valle, La estrella del pastor.—*Olvidanzas*: Las hojas verdes, Las rosas de septiembre, El libro de los títulos, Versos accidentales.—*Comentario sentimental*: Prosa.—

Baladas de primavera: Baladas de primavera, Platero y yo, Otoño amarillo.—*Elegías*: Elegías puras,
Elegías intermedias, Elegías lamentables.

Los *Pastorales* aparecieron según esta relación, es decir, divididos en tres partes más un Apéndice que no se incluye, con poemas del mismo tono escritos para el libro
Teatro de ensueño, de Martínez Sierra. De *Olvidanzas*,
como antes hice notar, se publicó la primera parte titulada *Las hojas verdes* y las otras tres partes están represen-
tadas en las «antolojías». De *Baladas de primavera* salió
la primera parte, del mismo nombre. *Platero y yo*, que
había de ser la segunda parte, como libro sólo de prosa
poética, pasó a ser la obra más conocida y amada del
público. Las *Elegías* se publicaron completas y las otras
obras mencionadas aparecieron parcialmente en revistas,
algunas de las cuales aquí se han comentado y en el libro
póstumo *Libros de prosa: 1*.

Las «Opiniones» que siguen a estas listas de las obras
de Juan Ramón en el homenaje de la *Revista Moderna de
México* constituyen un justo resumen crítico de la primera época de su creación literaria. Las encabezaba una reseña de Darío, fragmento del más largo artículo que con el
título «La tristeza andaluza» apareció en *Tierras solares*,
del poeta nicaragüense, publicado en Madrid en 1904. En
el fragmento se celebra la musicalidad de *Arias tristes*, reconociendo en Juan Ramón no solamente a un lírico universal y a un gran poeta español, sino a un andaluz de la
triste Andalucía, un *cantaor* obsesionado con la muerte,
pero comparable a Heine, a Verlaine, a Góngora. Más interesante aún es la comparación de Juan Ramón con el
poeta cubano Clemente Zenea (1832-1871), por razones que
en retrospecto me parecen harto significativas.

En su obra *Lo cubano en la poesía*, Cintio Vitier explica que en la poesía de Zenea «la espiritualización de la naturaleza alcanza un grado de indefinible vaguedad, una penetrante sugestión de atmósfera crepuscular donde ya se pierden o se difuminan los contornos del paisaje».[8] Este paisaje, según Vitier, no es cubano, ni es literario o convencional; sino soñado (diría yo, creado) después de muchas lecturas de libros franceses, ingleses y norteamericanos (pág. 1157). El paisaje de Juan Ramón también tiene una indefinible vaguedad y también es espiritualizado por influencia de sus lecturas, sobre todo, de los simbolistas franceses; pero Juan Ramón no *sueña* el paisaje, sino que lo transmuta. De Juan Ramón se puede decir lo que Vitier dice de Zenea: que buscaba en la poesía francesa «un lirismo de las sensaciones» (pág. 161). Para usar una acertada frase de Vitier, lo que Juan Ramón aporta a la poesía en su primera época es *el misterio de la sensación.*

Otro americano cuya opinión se cita en el homenaje a Juan Ramón, es José Enrique Rodó, que le escribió una carta de Montevideo, en 1902 celebrando a *Rimas.* Rodó vincula su poesía con la de Bécquer y la de Heine: «pero usted es aún más *heiniano* que él —le dice— y, sobre todo, tiene usted personalidad propia y distinta, y la sincera y simpática sencillez con que nos la manifiesta, imprime a su libro el *interés humano...* porque nada más natural y verdadero que su manera de sentir, y nada más sin artificio que sus tristezas, sus aspiraciones y las imágenes de sus sueños» (*Revista Moderna*, pág. 47).

Pocos críticos españoles estaban de acuerdo en esta primera época de Juan Ramón con lo que Rodó celebra, el

---

[8] *Lo cubano en la poesía*, Universidad Central de las Villas, Impresores Ucar, S. A., 1958, pág 356

interés humano del sentimiento juanramoniano. Cuando
aparecen los primeros libros de Juan Ramón, ya Zorrilla
de San Martín, Silva, Casal, Nájera y varios poetas meno-
res habían vaciado sus tristezas en el verso. El crítico americano estaba familiarizado con ellas, no así el español. Los
pre-simbolistas Bécquer y Rosalía de Castro habían fun-
cionado en otra órbita. De allí que la «tristeza» de los versos del poeta de Moguer les pareciera artificio. En la «opinión» de Salvador Rueda, recogida de el *Heraldo de Madrid* (1902): «La tristeza de Jiménez es una tristeza elegante, y si no supiéramos que el nobilísimo poeta está enfermo, diríamos que toma la tristeza por *sport...*» (*R. M.,*
48). Antonio Machado, del que se reproduce parte de una
reseña publicada en *El País,* de Madrid, de 1904, se pregunta: «¿Tristeza?... Afortunadamente, Juan Ramón Jiménez no sabe lo que es tristeza» (*R. M.,* 49) y no sin razón propone que en este poeta las sensaciones producen
una trepidación más honda que en los demás y que «re-
forzada por una fantasía poderosa» le impide «que reac-
cione contra el mundo externo en la expresión de su *sentimiento*» (ibíd.). En la opinión de Antonio Machado, Juan
Ramón no había vivido la «vida activa, vida real» y su libro (*Arias tristes*), era «la vida que el poeta no ha vivido,
expresada en las formas y gestos que el poeta ama. Así, tal
vez, quisiera vivir el poeta» (ibíd.). Al comentar esta reseña en *Vida y obra de Juan Ramón Jiménez: La poesía desnuda,* dije lo que aquí en parte repito, que Antonio Machado dividía la vida en *vida activa* (*vida real*) o *inactiva* (*vida
no-real;* pero que cada cual vive su vida, la que sea, y esa
es su vida real. [9] La vida inactiva era la vida real de Juan
Ramón, y su poesía estaba llena de eso que era su vida;
vida interior de ansias y nostalgias indefinibles, sentimien-

_____

[9] Ver el t. I, pág. 269.

to angustioso: el *angst* que habría de caracterizar la primera mitad del siglo xx. No era que Juan Ramón *quisiera vivir así*, sino que vivía así. Martínez Sierra lo comprendía y en sus opiniones, tomadas de la obra *Motivos*, publicada en París en 1906, volvía a referirse a esa *tristeza* de los versos juanrramonianos y ponía en boca del autor estas palabras: «Soy como un príncipe que ama su tristeza soberanamente, y de este orgullo mío... de este orgullo de mi dolor no queráis curarme, porque es el consuelo y la defensa de mi vida» (*R. M.*, 50). También Martínez Sierra, que conocía a Juan Ramón más a fondo que los otros escritores de la época, porque lo había apadrinado con su mujer María, porque era asiduo visitante de su hogar el poeta moguereño, porque lo mimaban y consentían como a un hijo, reconoció la emoción humana de sus versos, como lo hiciera Rodó. Dice en su reseña, refiriéndose al paisaje de *Jardines lejanos* y *Arias tristes*: «Hay que decir que estos jardines no son de ensueño, aunque el ensueño viva en sus avenidas y bajo sus fuentes: son jardines reales, jardines de España, y por eso los versos románticos que dicen de ellos tienen una emoción humana» (*R. M.*, 51).

Manuel Machado compartía la opinión de su hermano Antonio, en cuanto a la sinceridad de la *tristeza* de esa poesía de Juan Ramón: «Los que se han ocupado del libro de Jiménez (*Rimas*) han visto en él una tristeza que yo no encuentro por ninguna página. Sus versos tienen la bastante pena para ser amables y poéticos, pero de esa pena elegante que sienta bien a todos los versos. Una pena poética y literaria que no se debe confundir nunca con las amarguras de un Heine; la de Heine está en el fondo, en la raíz; éstas flotan por de fuera, como vaguedades envolventes que perfuman y aureolan» (*R. M.*, 52). Todos pensaban en Heine al leer a Juan Ramón: Darío, Rodó, Rueda, los Machado; todos hablaban de su enfermedad. A Darío le parecía la clave de su arte: «antigua enfermedad de soñador» y le aconsejaba: «No seas alegre, poeta, que naciste absolutamente amado de la tristeza» (*R. M.*, 47); Emilia Pardo Bazán, cuya opinión procedía de un artículo publicado en *La Revue* de París en 1906, adivinaba, en la lectura de sus poemas «una psicología morbosa» y añadía: «El sufrimiento íntimo de Jiménez, ese deseo vago, esa melancolía dolorosa, son la esencia misma de sus versos» (*R. M.*, 48); Manuel Machado aseguraba: «Sé que el autor de *Rimas* está enfermo, neurasténico, esa divina enfermedad que consiste en tener el alma a flor de piel» (*R. M.*, 52). «*Azorín*», en unos párrafos recogidos de la reseña publicada en *Alma Española*, de Madrid, con mayor objetividad, anticipaba un juicio que habría de perdurar: «Juan R. Jiménez es quizás, entre toda esta generación, el más recogido sobre sí mismo, el más puro y el más efusivo en sus amores a la Belleza» (*R. M.*, 49) y se firmaba «J. Martínez Ruiz». Y Andrés González Blanco aportaba unos juicios de su obra de 1906, *Los contemporáneos*: elogiaba «su penetración de las más recónditas cavidades del mundo psíquico», lo llamaba «el primer poeta elegíaco de España», digno sucesor de Bécquer y celebraba el que, después de haber sufrido «influencias de algunos poetas novísimos», hubiera llegado en *Arias tristes* «á su plena posesión, escribiendo en un estilo lúcidamente inconexo, cortado, penetrante, dando una de las notas más originales de la lírica española (en) una poesía de solitario» (*R. M.*, 51-52).

Esta crítica de la obra de Juan Ramón se refiere a los libros de su iniciación poética y no al período completo de su colaboración en América en esa primera etapa de

1913 a 1915. Aunque la colaboración más tardía que he podido rastrear ha sido la de *El Cojo Ilustrado*, de 1913, no hay duda que su obra se reprodujo, sin su conocimiento, en diversas publicaciones de América. Francisco Villaespesa, buen amigo de las letras hispánicas del Nuevo Mundo y que recibía de allí libros, periódicos y revistas, le escribió a Juan Ramón de Madrid, el 30 de julio de 1907: «Hoy mismo te haré un paquete de todos los periódicos americanos que tienen algo tuyo: *Cojo Ilustrado, Trofeos* (de Colombia), *Revista Moderna, El mundo ilustrado* (de México), *América* (de Cuba), *El Correo del Valle* (de Cali, Colombia) y *Apolo* (de Montevideo). A medida que reciba más, te los enviaré. Esto te servirá de pauta para conocer el movimiento. Sinceramente te lo digo, hoy que conozco detenidamente el movimiento intelectual de España y América: los únicos poetas que ejercen y tienen influencia en la juventud somos nosotros» [10].

EL CORREO DEL VALLE

De los títulos mencionados por Villaespesa, aparte de *El Cojo Ilustrado* y la *Revista Moderna*, he podido dar con la colaboración de Juan Ramón en *El Correo del Valle*, un «periódico semanal», según reza la portada, de «Literatura, Industria, Noticias» que se publicaba en Cali, Colombia, por los años de 1906-1907 [11]. Salía con fotogra-

[10] En «Relaciones literarias entre Juan Ramón y Villaespesa», por Ricardo Gullón, *Insula*, año XVI, núm. 149, abril 1959, pág. 3.

[11] Agradezco a Emma Buenaventura, amiga de Juan Ramón y ex-bibliotecaria de la Unión Panamericana de Wáshington, la búsqueda y xerocopias de este material de la Biblioteca Nacional de Bogotá. La señorita Buenaventura encontró algunos números de *Trofeos*, la otra publicación colombiana de que habla Villaespesa, sin que hallara en ellos colaboración juanrramoniana.

bados relacionados con el texto y con pequeños dibujos, el Director era Blas S. Scarpetta, un conocido periodista de ese lugar, y se publicó primero en la imprenta de «El Centro» y después en la «Tipografía Moderna», ambas de Cali. En este periódico hay tres trabajos de Juan Ramón. El primero apareció en el número 248, año XIII, de enero 18 de 1906 y es un poema titulado «Coplas del valle», que comienza: «El pastor, lánguidamente...» y lleva el número XVIII, sin título, en la primera parte del libro *Arias tristes*, titulada «Arias otoñales». Este poema se había publicado en una bellísima página ilustrada en la revista *Blanco y Negro*, de Madrid, en el número 639 del 1.º de agosto de 1903. En *El Correo del Valle* ocupa parte de la primera columna de la página 25, seguida en la segunda columna por noticias sueltas sobre acontecimientos de oficiales de gobierno.

La otra colaboración de Juan Ramón en *El Correo del Valle*, es de junio á de 1907, año XIII, número 290 del periódico, en que aparece el poema «Luna de oro» con el epígrafe de Espronceda «Regaladas de músicas sonoras», cuyo primer verso es «Luna de oro, velada...». En *Jardines lejanos*, libro de 1904 de Juan Ramón, aparece sin título, como el poema XXVI de la primera parte, titulada «Jardines galantes». Entre la versión de la revista colombiana y la del libro no hay variantes.

Ese mismo año, en el número 308, del 7 de noviembre, salió un trozo en prosa de Juan Ramón, titulado «Rosas del cementerio» (págs. 3352-3353), de intención social, pese a su lirismo, como el temprano poema «Los niños abandonados». El título se deriva, según explicación del autor, de la expresión que usan los alemanes para designar el color que brota en las mejillas de los tísicos. El trozo describe el regreso a la ciudad de los que en el verano se fueron al campo y al mar en busca de salud; recuerda un bello *Sanatorium de monjas*, para niños enfermos, donde «morían riendo» entre juguetes, flores y blancores, y lo contrasta con la mísera situación de los enfermos de la ciudad. El trozo, que ya se había publicado en el *ABC* de Madrid, el 6 de octubre de 1903, se recogió en el póstumo *Libros de prosa: 1* (págs. 263-264).

La existencia de esta colaboración en *El Correo del Valle*, de Colombia, confirma que apareció en los otros periódicos mencionados por Villaespesa, y la afirmación de esté referente a la influencia de él y Juan Ramón, ya que se refiere a España y América, implica que circulaba la obra de ambos en la América Hispana. Sabemos la influencia que tuvo en el grupo de escritores del Perú de a principios del siglo XX, que los llevó a establecer la ya discutida correspondencia con Georgina Hübner. En *Vida y obra de J. R. J.: La poesía desnuda* he discutido los puntos de contacto entre José Gálvez, principal perpetrador del hecho y Juan Ramón (I, 303-305). Gálvez está considerado como el poeta más representativo de la generación limeña de 1910 y sin duda fue el primer discípulo preclaro de Juan Ramón en América. De su estimación al poeta español y su papel en el asunto Georgina Hübner queda un simpático testimonio. En 1935 en ocasión de un homenaje a Gálvez en Lima, el crítico peruano Raúl Porras le mandó a Juan Ramón el libro de Gálvez, *Estampas limeñas*, publicado ese mismo año con esta dedicatoria: «Para Juan Ramón Jiménez a nombre y por encargo del poeta, autor de este libro, que fue uno de los más íntimos amigos de Georgina Hübner...» [12].

---

[12] Este libro se encuentra en la «Casa-Museo Zenobia y Juan Ramón Jiménez», de Moguer. Agradezco a su Director, Francisco

Otro testimonio de que en sus inicios se conoció la obra de Juan Ramón en América y se leyó con admiración, está en una dedicatoria de la gran poetisa uruguaya Delmira Agustini que en su primera y celebrada obra, *El libro blanco*, de 1907, le escribe a Juan Ramón: «Para Juan R. Jiménez, testimonio de admiración y simpatía, D. Agustini».[13]. El nombre de Agustini, con el de Herrera y Ressig, el otro gran poeta uruguayo, aparece en pequeñas notas de Juan Ramón con el título «Mi eco mejor».[14]

Las colaboraciones de Juan Ramón en América correspondiente a la primera etapa de su obra, es decir, hasta 1915, no aparecen en las bibliografías hasta ahora publicadas, incluyendo la prolija y más completa de Antonio Campoamor González, publicada en *La Torre*, Revista General de la Universidad de Puerto Rico a partir del número 62 de octubre-diciembre 1978.[15] Campoamor menciona, sin detalles, cinco de las colaboraciones de *El Cojo Ilustrado*, empezando con el poema «Los niños abandonados», que fue la tercera publicación en la revista venezolana. «Llano», que aparece como la segunda colaboración debiera ser «Llanto», y es, en realidad, la cuarta. Las colaboraciones de la *Revista Moderna*, de México y del *Ateneo de Honduras*, tampoco se han registrado

---

Pérez Serrano, la valiosa ayuda que me brindó durante mi estancia en ese lugar como investigadora.
[13]   En la «Casa-Museo Z. y J. R. J.», de Moguer.
[14]   En el legajo J. R. J. del Archivo Histórico de Madrid.
[15]   Consta de 4.186 fichas y aparece a través de cuatro números de *La Torre*, en la sección «Libros», bajo el título «Bibliografía fundamental de Juan Ramón Jiménez»: núm. 62, octubre-diciembre 1968, págs. 177-231; núm. 63, enero-marzo 1969, págs. 177-213; núm. 64, abril-junio 1969, págs. 113-145; núm. 65, julio-septiembre 1969, págs. 145-179, y núm. 66, octubre-diciembre 1969, páginas 131-168. Esta utilísima bibliografía es imprescindible para cualquier estudioso de la vida y la obra de Juan Ramón.

antes. [16] Pero Campoamor incluye una temprana ficha. «461. 'Los locos', *España*, Buenos Aires, 16 septiembre 1903». Se trata de la reimpresión de un trozo que salió en el *ABC*, de Madrid, del 30 de junio de 1903, sin duda escrito por Juan Ramón en Francia, o al recuerdo de su estancia allí. Describe las costumbres de algunos locos notables recluidos en el Sanatorio de Castel d'Andorte de los alrededores de Burdeos: un ex-ministro, pintor; una bella mujer con anhelos de madre; un hombre feroz que «adopta» a un niño idiota.

La fecha de 1913, en que se registra la última colaboración de Juan Ramón en *El Cojo Ilustrado*, coincide hasta cierto punto con el final de su primera época. En ese año conoce a Zenobia Camprubí, que habría de ser su esposa, escribe dos libros, inspirados en gran parte por ella, *Sonetos espirituales* (1914-1915), Madrid, Calleja, 1017, y el otro, *Estío* (1915), publicado por la misma editorial en 1916. Al contraer matrimonio en 1916, inicia el período de la poesía desnuda que le lleva a la maestría en España y América y su vida toma otros rumbos. El paisaje exterior, tan evidente en su primera época, pasa a lugar secundario en la obra, la tristeza se convierte en premura: ansiedad de vencer a la muerte en la poesía y búsqueda de una posible eternidad a través del amor y la belleza que han quedado encarnados en el cuerpo y el alma de la mujer.

Durante la segunda época juanrramoniana (1916-1935), el poeta fue asiduo colaborador del *Repertorio Americano*, de San José de Costa Rica, que empezó a publicarse en 1919, y como en su primera época, se reimprimieron libremente las colaboraciones que aparecían en los periódicos españoles. A partir de 1935, Juan Ramón colaboró en la *Revista Hispánica Moderna*, órgano de la Universidad de Columbia en Nueva York, fundada por Federico de

Onís, buen amigo del poeta de Moguer. De 1936 en adelante, año de su traslado a América y principio de su tercera y última época, su obra aparece en las publicaciones más prestigiosas del continente americano.

La asiduidad y esmero con que se presentó la obra de la primera época de Juan Ramón en las páginas de *El Cojo Ilustrado* y de las otras grandes revistas literarias de América, denotan la estimación de que disfrutó el poeta en este continente desde el comienzo de su labor artística, estimación que ha perdurado hasta nuestros días.

II

INICIOS DE ZENOBIA CAMPRUBÍ AYMAR (1887-1916)

————————

Temprano en su vida poética, Juan Ramón Jiménez quiso ir a América a «ofrecerle su mano» a la desconocida Georgina Hübner, la admiradora fraguada por el grupo de poetas sudamericanos que estableció correspondencia con el autor español para conseguir sus libros. Alarmados cuando Juan Ramón, enamorado de Georgina, quiso ir al Perú a conocerla, los inventores le enviaron un cable diciéndole que Georgina Hübner había muerto.

El destino le tenía deparado a Juan Ramón Jiménez un viaje a América a casarse con una americana por adopción, Zenobia Camprubí Aymar.

El poema del libro *Laberinto*, que describe la pasión de Juan Ramón por la joven peruana, poema titulado: «Carta a Georgina Hübner, en el cielo de Lima», delata el aspecto erótico de ese amor:

> .... tus manos
> cruzadas dulcemente, sobre el parado pecho,
> como dos lirios malvas de amor y sentimiento?

> ... Ya tu espalda ha sentido el ataúd blanco,
> tus muslos están ya para siempre cerrados,
> en el tierno verdor de tu reciente fosa
> el sol poniente inflamará los chuparrosas...

Esta obsesión de la carne es típica de la poesía que cierra el primer período de la obra juanrramoniana. Cuando Juan Ramón encuentra en su camino a Zenobia Camprubí, la pasión amorosa es de otra índole, el amor por esta mujer lo transforma; sus ansias de la carne y del espíritu se funden y acrisolan, se convierten en una llama viva de amor en que se consumen todas las impurezas.

Esta es la historia de los inicios de Zenobia Camprubí Aymar, la mujer que tan hondamente habría de influir en el poeta. En el momento en que se fundieron sus vidas, la historia de ella pasó a ser la de él. Pero América fue el espacio de su preparación para esas bodas por la que él solemnizó su poesía.

MALGRAT, BARCELONA Y SARRIA

ZENOBIA CAMPRUBÍ AYMAR, nació en Malgrat, uno de esos pueblos de la Costa Brava que después habrían de vivir a la sombra de los bien conocidos sitios de veraneo, como Lloret de Mar o Blanes, que le queda al lado. A unos sesenta kilómetros de Barcelona y con siete mil habitantes, a mediados del siglo XX Malgrat se iba convirtiendo en un pueblo manufacturero, con tres fábricas de productos químicos, fábricas de género de punto y de bolsa. A fines del siglo XIX era un pueblo esencialmente agrícola y un sitio de veraneo. Zenobia nació allí por un capricho de su padre, ingeniero del ferrocarril, que al pasar por Malgrat en uno de sus viajes, se fijó en una gran casa de la que era entonces Calle de Mar, le gustó y la alquiló los veranos. La casa estaba en medio de un jardín de magnolias y yucas, palmeras, baladros y vides.[1] La cercaba toda

---

[1]   Esta autora visitó la casa de Malgrat en el verano de 1960.

un medio muro de mampostería y hierro, con medias columnas terminando en capiteles triangulares, como la torre del centro encima del comedor por cuyos cristales de colores se colaba el sol, haciendo menos austero el interior. Se entraba al jardín por la verja de hierro y a la casa por una escalerilla de mármol. Tenía por los cuatro lados una espaciosa galería de baldosines. A la izquierda del vestíbulo estaba la sala, muy elegante con altos techos ornados y paneles tapizados. Todas las habitaciones, a excepción del comedor, le iban dando vuelta a la casa, las seis recámaras, con dos ventanales cada una que abrían sobre la galería exterior y el jardín. En una de esas recámaras, a la izquierda, nació la única hija de Raimundo Camprubí e Isabel Aymar, el 31 de agosto de 1887.

A la bellísima doña Isabel la veían los vecinos sentada fuera haciendo labor de aguja mientras miraba a José y Raimundo, sus dos hijitos varones, jugando en el jardín. Raimundo nació también en esa casa, en el verano de 1884. El hijo mayor, José, había nacido en Puerto Rico en 1879 y en Barcelona les nació otro niño que murió en seguida, Augusto Juan.[2] Le daban el nombre de Augusto como primero o segundo a todos los varones porque así se llamaba el abuelo materno, un rico hombre de negocios, norteamericano.

La vivía entonces el matrimonio Juan Balcells Carreras y su esposa Pilar Camposso. El padre de esta señora, notario de Barcelona, era el dueño. La antigua calle de Mar se llamaba entonces Vía del Caudillo y la casa tenía el número 85.

[2] Esta información y toda la concerniente a los nacimientos, bodas y fallecimientos de la familia Camprubí Aymar está recogida de los registros de la misma en los papeles de Isabel Aymar en posesión del Sr. D. Francisco Hernández-Pinzón Jiménez, sobrino de Juan Ramón y custodio de estos archivos cuando fueron consultados por esta autora.

La casa de Malgrat, de la Calle de Mar, era tan grande,
que después sirvió para convento de monjas Ursulinas.
A Zenobia, que pasó allí los primeros cuatro veranos de
su vida le parecía un palacio, por los techos tan altos y el
servicio tan numeroso.[3] Recordaba el jardín, con dos la-
guitos separados por un puente arqueado, del que podía
ver los peces de colores. Había un molino de viento y un
depósito de agua abierto por un lado, por donde se colaba el sol, que el agua reflejaba en el techo. Detrás del depósito estaban las cocheras, donde guardaban los caballitos de sus hermanos, que el tío José Benjamín Augusto
Aymar les hizo traer de América. Los veranos el tío iba
de América a Malgrat, con su madre Zenobia, abuela materna de los niños Camprubí Aymar, para estar al lado de
ellos y de la madre, Isabel Aymar de Camprubí, hija única. Alquilaban una casita cerca de la Calle de Mar, que a
Zenobia le gustaba mucho.

Los veranos en Malgrat eran divertidos. Aunque su hermano mayor era serio y tranquilo, Raimundo no lo era,
y la hacía reír. Empezó a montar su caballito cuando aún
llevaba faldas y a los seis años lo hacía encabritarse, para
demostrar que podía dominarlo. Se peleaba con todo el
gallinero para rescatar a una garza que se convirtió en su
mascota, después de que él mismo la hirió con un arco y
una flecha; pero la curaron. Cuando Zenobia, su hermana,
se magulló un dedo, él mismo se lo curó con savia de los
bejucos del jardín y para consolarla, le enseñaba la se-
pultura de una de las ranas que había pescado en el es-
tanque, o la llevaba, con el hermano José, a escuchar, jun-

---

[3]   Toda la información referente a la manera de sentir de Zenobia en cuanto a esta casa y las otras residencias de su infancia
y juventud proceden de sus recuerdos, diarios y apuntes en posesión de dicho Sr. D. Francisco Hernández-Pinzón Jiménez cuando
fueron consultados por esta autora.

to a la ventana de la cocina, las protestas del pollo destinado a la olla. Después Zenobia tuvo otro hermano, Augusto Salustiano, que nació en Barcelona en 1890 y era un bebé cuando iban a Malgrat en el verano, pero a ella le importaba él poco. Se acordaba que el último verano que pasaron en Malgrat, en 1891, la abuela materna empezó a darle lecciones de lectura e inglés. Ella apenas cumplía los cuatro años. Lo recordaba, porque su mamá y su hermano mayor la sentaron sobre las manos enlazadas y la llevaron en un paseo triunfal alrededor de la galería diciéndole que era ya una señorita.

Recordaba con alegría el jardín de esa casa y se acordaba de algunas cosas tristes, como el pánico que le causaba un ama mala, que le metía miedo con un gato negro, cuando se despertaba por la noche con ganas de llorar. Imitaba al gato, raspando al lado de la cama, como si estuviera listo a abalanzarse sobre ella. Cuando su madre descubrió el abuso, riñó severamente al ama. Con los años, el recuerdo más consolador de la casa de Malgrat pasó a ser el de «la inmensa serena seguridad» de la gran cama hospitalaria de su madre. Se acordaba también, con menos tristeza, de un episodio «terrorífico» de su niñez en el interior de esa casa. En el desván tenía un nido un buho, y ella lo asociaba con cosas infernales, que había oído hablar a sus hermanos, cuando comentaban un cuento escandinavo que no le querían contar porque era muy pequeña. Una vez, su madre quiso curarle los ojos con una piedra de alumbre y ella no se dejó, su madre la amenazó con el buho, y como aún se negaba, la llevó al desván a confrontar el ave agorera. Ver el buho y dejarse hacer fue todo una.

Otra casa de su infancia le dejó un hondo recuerdo, la del Paseo de Gracia, 146, en Barcelona. Vivía allí con su

abuela, que se quedó en Barcelona al enviudar. La abuela
la quería mucho y le tenía una camita al lado de la suya
grande. Ella llevaba su nombre, Zenobia, nombre muy antiguo y muy repetido en la familia Aymar. La abuela materna era de alcurnia y de cultura, con un numeroso servicio que la atendía a ella con mucho esmero. «Grandma-
ma», como la llamaban en inglés, la hacía vestir por
Mme. Verderau, «especialista en la confección de prendas
infantiles». Mme. Verderau le confeccionaba desde la
ropa interior hasta los sombreros. Su vida era entonces un
constante vestirse y desvestirse. Las mujeres al servicio de
la abuela le cambiaban la ropa y la aseaban constantemente, a pesar de sus protestas. Bobita la vestía por la mañana y la desvestía por la noche y Manuela, una camarera
grande y gruesa, la mudaba otras veces.

Bobita era la sirvienta preferida. Tenía su historia, era
hija de esclavos, descendiente de los «cazados» en el Africa y llevados a las islas del Caribe. Al nacer Isabel Aymar,
la madre de Zenobia, se la asignaron como compañera de
juegos. Tenía entonces dos años y aprendió a hablar inglés, como Isabel Aymar, que era hija de padre norteamericano, y viajaba entre Puerto Rico y los Estados Unidos
y hablaba perfectamente el inglés y el español. Bobita no
era negra del todo, era medio aindiada, su verdadero nombre era Honorina, pero le decían Bobita de cariño, ya
que los niños, por maldad, le habían empezado a llamar
Boba. Cuando la abuela Zenobia Lucca de Aymar le dio la
libertad a los esclavos del ingenio de Puerto Rico, al abo-
lirse la esclavitud, Bobita no se quiso separar de ellos y
les hizo el regalo de su servidumbre. Ellos le correspon-
dieron incorporándola a la familia. Viviendo en Barcelona,
un asistente del militar José Camprubí, hermano de Raimundo Camprubí, padre de Zenobia, se enamoró de Bo-

bita y se casaron; pero como tenía fama de anarquista, no se quedaron a vivir con la familia, por no comprometerlos. El asistente se llamaba Pancracio y murió joven. [4] Un día arriesgó su vida por los niños Camprubí Aymar, cuando paseaban en coche y se desbocaron los caballos. Pancracio, que por allí andaba, se les tiró encima y los detuvo. Murió después y cuando Teresa, la esposa de Félix Camprubí lo velaba entró una patrulla de anarquistas e hicieron quitar la cruz. La viuda Bobita, volvió al lado de la familia Aymar, siguió yendo y viniendo con Isabel Aymar de Camprubí y su familia, hasta el fin de sus días. Bobita fue la causa de que la abuela le pegara a su adorada nieta Zenobita. Como no se dejaba lavar, Bobita la requirió: «Nena, si no se deja labá, cuando sea grande será negra», a lo que contestó la pequeña: «Nunca seré tan negra como tú». La abuela entró en ese momento.

A la niña le enseñaron a decir la verdad y a los cinco años hizo quedar mal a su mamá cuando la llevó de visita a casa del gobernador de Barcelona, que le dijo, haciéndole gracia: «Zenobita, qué linda estás». La pequeña respondió: «Es una cosa muy mala mentir, yo sé que no soy bonita».

La niña Zenobia no era bonita, aunque su madre sí lo era. El pelo rubio, liso, se le confundía con la piel pálida y los ojos entre azules y grises le daban una apariencia delicada y enfermiza. Por eso la abuela la mimaba tanto.

---

[4] Esta información y gran parte de la que tiene que ver con las circunstancias y hechos de los Camprubí Aymar en Barcelona se debe a la Sra. D.ª Raquel García Navarro, Vda. de Fortuny, de esa ciudad, amiga de confianza de la familia de José Camprubí Escudero, hermano del padre de Zenobia. La Sra. Navarro de Fortuny conoció a los Camprubí Aymar desde que llegaron a Barcelona, fue compañera de juegos de Zenobia y sus hermanos y cultivó la amistad con ellos hasta su fallecimiento. Esta autora tuvo varias conversaciones con ella en Barcelona, en el verano de 1960.

La dejaba vestirse de grande, con sus propios trajes y la llevaba a la sala a tomar parte en cuadros organizados por ella para entretenimiento de la nieta, que no tenía amiguitas ni se le veía jugar como las niñas de su edad. Se pasaba las horas observando detrás de las puertas, las actividades de las personas mayores. Durante los carnavales, le gustaba ver el ir y venir de sus hermanos, disfrazados para asistir a los bailes de máscaras. La mayor parte del tiempo acompañaba a la abuela, devolviéndole la aguja que pasaba por el telar, o leyendo, porque la abuela le tenía su biblioteca. Antes de los ocho años la había hecho leer *La Ilíada* y *La Odisea*.

Pero un día de verano, sin decirle por qué, se la llevaron del cuarto de la abuela a los aposentos de sus padres y hermanos, en la parte de atrás de la casa. Al cabo de cuatro días de angustiosa separación la volvió a ver tendida, muerta, en el cuarto que había compartido con ella. Siguieron días febriles en que la veía en sueños al final de los largos corredores y cuando iba a alcanzarla, desaparecía. La abuela murió el 20 de agosto de 1895, once días antes de que ella cumpliera los ocho años. Ni el viaje a América, que hizo con su madre poco después, la sacó de su tristeza.

Doña Isabel Aymar de Camprubí necesitó ir a América a arreglar asuntos de la herencia de su madre y a dejar a su hijo mayor, José, en la Universidad de Harvard. José se había convertido en el hermano favorito de Zenobia. Lo llamaban por el diminutivo inglés «Joe», que repetido les daba «Yoyó». En febrero de 1896 Isabel Aymar partió de Barcelona con Yoyó y Zenobia; sus otros dos hijos se quedaron con su papá a cargo de Bobita.

Zenobia apenas se acordaba de ese primer viaje a América. Sí se acordaba que poco después del regreso, por 1897, se mudaron a Sarriá, un lugar elegante en las cercanías de Barcelona. Se mudaron por ella, siempre delicada, le daban unas fiebres y por esos tiempos se hablaba de unas «fiebres de Malta», que decían que venían del Mediterráneo. Los médicos le recomendaron a sus padres que se fueran hacia la montaña. Se fueron a Sarriá, entonces un lugar poco habitado, más bien de veraneo, con chalets de jardines interiores y casas de dos y tres pisos. Alquilaron una casa de tres pisos en la calle de Fernando, número 23, travesía de la calle mayor de Sarriá, la última casa daba al monte. Al frente les quedaba una magnífica torre y colindaba con el Colegio del Sagrado Corazón. Todos los cuartos de la casa daban al jardín, y era clara y alegre, de tres pisos y mucho espacio para correr. Tenía cuatro cuartos para los criados, si se incluía el dormitorio de Bobita. El cuarto de Zenobia, en el primer piso (segundo en América), daba al de su madre y tenía su propia salita. Fue el primer cuarto que tuvo ella sola, su mamá se lo asignó porque «era casi una señorita». Tenía un balcón al que daban las copas de una mata de plátano y otra de níspero. En la salita pusieron un piano que le regaló su tío materno, José Benjamín Augusto Aymar, que era su padrino y se había mudado al tercer piso del chalet, separado por una puerta del resto de la casa. Un señor García, maestro particular, empezó a darle las cuatro reglas y lecciones de música, de gramática y de historia española.

Los recuerdos de Sarriá le eran gratos, allí tuvo a su primera amiguita, María Muntadas, que sabía inglés, como ella, porque tenía una institutriz inglesa. La familia de María Muntadas tenía mucho en común con los Camprubí-Aymar, sus padres vivían en el Paseo de Gracia de Barcelona y la niña Muntadas iba a pasar los veranos a Sarriá con los abuelos. El abuelo había fundado la fábrica de tejidos de La España Industrial, que influyó en la industrialización del país, fue también uno de los organizadores de la Exposición General Catalana de 1871. [5] El padre de María Muntadas era ingeniero, como Raimundo Camprubí, aunque no de canales, caminos y puertos, sino ingeniero industrial. Interesado en el crecimiento de su país, fue un pionero, que montaba las industrias. Fundó la Sociedad de Lámparas Eléctricas Zeta, y antes, la Técnica y La Industria Eléctrica, que se fusionó con la Casa Siemens. Su casa de Tibidabo fue la primera en Barcelona que tuvo calefacción central, montó los finiculares en Bilbao y cuando murió joven, a los cuarenta y cinco años, era Presidente de Fomento de Trabajo Nacional. En este sentido los Muntadas tenían mucho en común con los Aymar, antepasados de Zenobia, que contribuyeron grandemente al desarrollo del comercio de la gran ciudad de Nueva York y por ende del resto del país. La niña María Muntadas se educó con tutores en su casa. Por todas estas razones, Isabel Aymar de Camprubí quiso que las niñas se conocieran y María Muntadas se convirtió en compañera de juegos de Zenobia y sus hermanos.

La niña María Muntadas era muy sensitiva, después llegaría a ser música y pintora. En los juegos dejaba que

---

[5] Toda la información sobre María Muntadas y sus relaciones con los Camprubí Aymar fue facilitada a esta autora por la señora D.ª María Luisa Capará de Nadal, hija de la que fue Sra. doña María Muntadas de Capará, en su infancia compañera de juegos de los niños Camprubí Aymar. La Sra. Capará de Nadal conoció íntimamente al matrimonio Zenobia y Juan Ramón, que simpatizaron tanto con este vástago de la antigua compañera de juegos de Zenobia que la trataron como «hija adoptiva», invitándola a pasar temporadas con ellos en Madrid y cultivando su amistad hasta el final de sus vidas. Esta autora entrevistó a la Sra. Capará de Nadal en Barcelona, en el verano de 1960. La ambientación en cuanto a la época de los Camprubí Aymar en Sarriá y Barcelona se debe, en parte, a ella.

Zenobia fuera la capitana, obedecía y se adaptaba, a Zenobia le gustaba organizar los juegos, que eran muy movidos, porque estaba acostumbrada a jugar con los hermanos. En la cariñosa doña Isabel encontró a una persona mayor amplia y comprensiva, con un concepto distinto de las cosas. La niña María había sufrido infantiles angustias como resultado de su internado en el Sagrado Corazón, para prepararse a hacer la primera comunión. Allí adquirió un concepto religioso severo, el mero hecho de tener que confesarse para hacer la primera comunión la llenaba de miedos, porque se imaginaba a un Dios justiciero y temeroso. Isabel Aymar le hizo comprender la bondad y paternidad de Dios mucho más que sus maestras religiosas del Sagrado Corazón y le ayudó a superar una crisis de espíritu. Doña Isabel jamás hubiera mandado a su hija a un colegio de monjas. Ella era católica, pero practicaba la religión como en los Estados Unidos, sin el culto externo de los países latinos, el suyo era un catolicismo desnudo con una caridad extrema en el fondo y le inculcó a sus hijos esa actitud, a Zenobia en particular. Zenobia y su amiguita María asistían juntas a misa los domingos y la pequeña María Muntadas admiraba a la mamá de su amiga que hacía las cosas tan diferentes; pero también se aprendía mucho de ella y lo que más le llamaba la atención era su manera de tratar al servicio.

En aquellos días, al servicio se le exigían cosas que más tarde parecerían absurdas: las chicas salían un domingo al mes, se levantaban a las cuatro o a las cinco de la mañana para lavar la ropa. A esa hora, las señoritas a quienes servían regresaban de los bailes de sociedad. Las amas de corazón compasivo, evitaban que su llegada coincidiera con el duro levantarse del servicio; pero hasta allí llegaba la compasión. En casa de Isabel Aymar no sucedían esas cosas, porque se trataba al servicio de otro modo. A María Muntadas le parecía que Bobita, la sirvienta negra, era como un miembro de la familia, y le gustaba oírle contar a doña Isabel cuentos de la vida en América. Toda la familia Aymar había sido gente compasiva. Allá en Puerto Rico, fueron de las primeras en darle libertad a sus esclavos. La abuela de Zenobia les proporcionó casamiento, casa, aperos de labranza y todo lo necesario para que pudieran vivir de su libertad, aunque después, cuando los iba a visitar, ya libres, se encontraba que a las parejas que Dios había unido, el diablo las había separado, y cada cual vivía a su gusto con quien le acomodaba. Doña Isabel recordaba que algunos de los esclavos del ingenio puertorriqueño de los Aymar, procedían de las Indias Occidentales, de las islas inglesas y francesas, los más viejos eran del Africa misma. [6] El día de Año Nuevo, los esclavos todos iban a los amos, a bailar y a recibir el aguinaldo. Tocaban la bomba, el barril con tapa de cuero, a horcajadas sobre él, como se hace aún en tantos lugares de las Antillas. Los hombres iban bien limpios, de camisa y pantalones con el cuchillo al cinto. Las mujeres llevaban trajes escotados de mangas cortas, con un pañuelo de colores sobre la espalda y cruzado al pecho, sin que ocultara los muchos collares que caían del cuello. Llevaban también argollas en las orejas, pañuelos en la cabeza, delantales de colores chillones y los pies descalzos. Los esclavos felicitaban con vivas a todos los miembros de la familia de los amos; empezando con «Monsieur Aymar» y terminando con los más pequeños, «el niño tal» y «la niña cual». In-

---

[6] La información que aquí aparece sobre las costumbres de los esclavos en el ingenio puertorriqueño procede de un escrito de Isabel Aymar de Camprubí titulado «Reminiscences of Puerto Rico», en los archivos en poder de D. Francisco Hernández-Pinzón Jiménez, consultados por esta autora.

cluían además a los ausentes, los hijos de otro amo Aymar que estudiaban en el extranjero. Después de los vivas empezaba el baile. Una de las mejores bailadoras era Ma Felicité, que cuidaba a los hijos de los criados de la casa, arrullándolos con lo que quedaba de una canción de cuna francesa; unas pocas líneas y la tonada. Isabel Aymar recordaba la letra:

> Dodo l'enfant do
> Si li pas dodo
> Si li pas dodo
> Gros chat la ca le mangé li
> Gros chat la ca le mangé li...

El día de Año Nuevo, Ma Felicité, resplandeciente con falda de muselina de flores estampadas, blusa de hilo con las mangas profusamente adornadas de encaje, como el delantal negro, bailaba y los pequeños la contemplaban sentados al frente de las casas del batey. Los niños de los esclavos eran de todos los matices, desde el negro azabache con cabecitas bien crespas hasta el casi blanco con sedoso pelo claro. Las fiestas eran en la plazuela del batey, a la que daban todas las viviendas. El piso de tierra dura brillaba, porque se barría mañana y tarde. El día de Año Nuevo el suelo estaba cubierto, casi hasta el techo, de enaguas, vestidos, pañuelos y delantales de colores alegres para las mujeres. Para los hombres había camisas, pantalones, gorras, picadura de tabaco inglés. En una mesa pequeña había más regalos, envueltos y atados.

Esta celebración ocurría en uno de los pequeños ingenios, que el abuelo de Isabel Aymar comprara para añadir a los más grandes, donde ya se molía la caña por máquinas de vapor. El trapiche de este pequeño ingenio era de bueyes, los nuevos dueños jamás lo habían usado. Isabel Aymar recordaba amorosametne el balanceo de los cañaverales de Puerto Rico, como olas que se encontraban con las del mar Caribe.

Los esclavos consideraban superiores a los amos norteamericanos, señores de las familias de Córcega, porque eran clarividentes, tenían visiones, sabían mucho más que los amos españoles. Y se acordaban cómo el amito niño Agustín había dicho: «Peut etre tes eaux boueuses seront ma tombe», y efectivamente, murió ahogado.

Isabel Aymar abonó a la pequeña María Muntadas al *St. Nicholas*, un magazine ilustrado para niños que se publicaba en Nueva York y que sus hijos leían desde pequeños. Zenobia era miembro activo de la «St. Nicholas League», lo que le daba derecho a enviar colaboraciones en inglés, las mejores se publicaban y sacaban un premio; pero ella nunca se sacó ninguno, aun así, persistía en su empeño, porque le gustaba escribir. Los niños Camprubí Aymar leían la historia de Inglaterra, que doña Isabel hacía leer también a la otra única amiga de ellos, Raquel García Navarro, que en el verano iba a pasar casi todos los días con ellos. Raquel le llevaba diez años a Zenobia y era como una prima porque sus tíos paternos, Teresa y Félix Camprubí, tenían a Raquel como una hija, ya que ellos no tenían niños. Cuando los Camprubí Aymar llegaron a Barcelona de los Estados Unidos, como traían al pequeño Yoyó, llevaron a Raquel y fue la primera chica que jugó con ellos. El padre de Raquel era también ingeniero y Raquel estudiaba en una escuela nacional. A los varones de la familia Camprubí Aymar, más cerca de su edad que Zenobia, les encantaba oír los cuentos de la escuela que les hacía Raquel y doña Isabel, siempre atenta al cultivo de los chicos, ponía a Raquel a estudiar la historia de Inglaterra cuando había una pausa en los juegos y llegaba la hora de lectura, Raquel leía una página y Raimundo leía otra. Con las lecturas los mantenía al tanto de su herencia sajona y con la revista *St. Nicholas*, de Nueva York, los mantenía al corriente del país del abuelo Aymar, que murió allí, en los Estados Unidos, viviendo ellos en Barcelona. Pero pese a las lecturas, en Sarriá se divertían mucho, en particular cuando Yoyó tocaba el piano y aunque había un gran piano en el piso bajo, que había sido de la abuela, él prefería tocar el de su hermana Zenobia y Raimundito, que tenía muy buena voz, cantaba por toda la casa cuando Yoyó tocaba «Tannhauser», «La Traviata» y «Carmen». Otras veces se iban a la azotea a tirar al blanco con escopetas de salón, o al jardín, y llenaban cubos de agua de la fuente para librar peleas acuáticas, hasta el día que su papá, Raimundo Camprubí, llegó inesperadamente, los sorprendió chorreando agua y quedó prohibida la fiesta.

La presencia del padre achicaba los ánimos, no porque fuera severo, pero enseñaba de otro modo que la madre. Era un gran andarín, y los llevaba a caminar por todo Sarriá; pero en Sarriá empezaron a sentir como «la sombra» del padre. Raimundito, que siempre había sido travieso, se empezó «a descarriar», y a «Epi», que así llamaban a Augusto, el más pequeño, le dio difteria y estuvo muy malo. La mamá, doña Isabel, se tuvo que aislar con el pequeño y la niña Zenobia quedó al frente de la casa. Tenía que hacer las veces de su madre, mandando al servicio, administrando el presupuesto, encargando las medicinas a la farmacia. De Sarriá salió mujer. Vivieron allí unos cuatro años, cuando se marcharon, ella tenía catorce años.

TARRAGONA Y VALENCIA

Se marcharon de Sarriá porque Raimundo Camprubí fue ascendido y destinado a la Jefatura de Obras Públicas de Tarragona. En 1901 vivían en Tarragona, ciudad que por aquel entonces tenía más de veintitrés mil habitantes y conservaba viva la venerable antigüedad española. Se hablaba de los muros ciclópeos como si de verdad hubieran sido obra de los mitológicos cíclopes. La fundación de la ciudad se atribuía a los celtíberos, en su suelo se sucedieron muchas civilizaciones y quedaban muchos monumentos del período de su grandeza. Tuvo que haber sido un sitio importante en su época primitiva, si mereció para su defensa murallas de tan extraordinario basamento y conservaba magníficos templos, anfiteatros, acueductos y edificios públicos de la época del Imperio Romano. La familia Camprubí Aymar ocupó la Jefatura de Obras Públicas, que hacía esquina, un lado daba a la playa y de allí se veía el puerto. Del otro lado se veía el mar.

La estancia en Tarragona fue triste para Zenobia, se había reducido el círculo familiar: Yoyó había regresado a los Estados Unidos a terminar su carrera de ingeniero y Raimundito estaba interno en un colegio de Suiza, ella y su madre hicieron el viaje para internarlo. Zenobia y el pequeño Epi, que había quedado mal desde que le dio la difteria, se quedaron solos. El lugar le parecía triste, de noche se veía el reflejo de las luces del puerto sobre las oscuras aguas del mar y como el presidio les quedaba cerca, de las habitaciones del fondo se oían las voces de los centinelas de guardia. Ella y su hermanito les tenían mucha lástima a los presos y querían poder llevarles sus juguetes. Una noche se despertó sobresaltada, impelida por una inquietante urgencia de asomarse a la ventana que daba al mar. Estuvo allí mucho rato, sin saber por qué. Al otro día se enteró que dos marineros ingleses se habían ahogado por la madrugada en esas mismas aguas.

La vuelta de Yoyó, con título de ingeniero de la Universidad de Harvard, la sacó de su tristeza, en particular, que con él vino un joven compañero universitario a quien festejaron llevándole a conocer los sitios de interés. Los tres hermanos y el amigo pasaron un día en el monasterio cisterciense de Poblet, en los alrededores de Tarragona. En medio del romance de los claustros y refectorios, las atenciones del joven americano despertaron en ella sentimientos desconocidos. Tenía quince años, le empezó a gustar Tarragona, el sentimiento amoroso que despertaba en ella se desplazó a las viejas piedras; recordaba a su abuela, por quien conoció en los libros a la antigua Grecia, las piedras ciclópeas le hablaban de ella. Pero no se quedaron en Tarragona, porque a su padre lo trasladaron a Valencia. Sus hermanos mayores, que pasaban con ellos las vacaciones de verano, volvieron a marcharse y su vida se redujo de nuevo a la rutina entre personas mayores, falta de los intereses propios de su edad.

No le gustaba Valencia. La espaciosa vivienda que ocupaban en Navellos, letra P, no tenía ninguna de las atracciones de las viviendas anteriores, nada que pudiera dar salida a su imaginación. Daba a una calle ciudadana y ni siquiera podía ver el río que pasaba más allá. Sin amistades, sus días eran todos iguales: dar clases de música y francés con maestros de fuera, y de italiano, historia y literatura, con su madre. El padre la sacaba a aburrirse todos los días en sus caminatas y Bobita la llevaba a misa los domingos. La única alegría eran las cartas de sus hermanos Yoyó y Raimundito. Las de Yoyó, serias, continuas, maravillosas; las de Raimundito, divertidas, porque seguía siendo el muchacho travieso, la oveja descarriada de la familia. En casa, marchaban mal las cosas, «la sombra» era mayor; desde la salida de Barcelona las relaciones entre su padre y su madre eran más tirantes, ella no lo comprendía todo, pero apegada siempre a su madre, sentía erguirse esa sombra entre ella y el padre.

Todo el que conoció al matrimonio Camprubí Aymar recuerda que don Raimundo era un hombre culto y correcto, un verdadero caballero, y que doña Isabel era una mujer buena y cariñosa. Pero culturalmente, en esta pareja cada cual tiraba por su lado. Doña Isabel estaba convencida que su marido no la comprendía ni a ella ni a sus hijos, y don Raimundo, por su parte, se sentía incomprendido por ellos. Cada cual hacía las cosas como en su tierra, no que doña Isabel despreciara a España, sino que fuera de su tierra, admiraba más la suya. Durante el viaje a los Estados Unidos a dejar a su hijo mayor en Harvard, le escribió al otro hijo Raimundo, que se había quedado en Barcelona, que fuera un buen español, que honrara a su país, para lo cual se necesitaba mantenerse tranquilo y ser un verdadero caballero cristiano. Y comentaba que habiéndose enterado unos estudiantes de la Universidad de Princeton, que unos jóvenes españoles habían quemado la bandera americana, quemaron la española, lo cual causó una protesta en masa del estudiantado de Princeton, que consideraba la venganza estúpida. Esto ocurría por los años 1896, años en que se agitaba la independencia de Cuba, con intromisión de los Estados Unidos. Isabel Aymar no tomaba partido, sino que aconsejaba a su hijo

Raimundo: «El que ama a su patria ama la paz y hace por mantenerla». [7]

La primera irreconciliable desavenencia entre el matrimonio Camprubí-Aymar tuvo que ver con el nombre del primogénito: José Augusto Luis Raimundo, el llamado «Yoyó», que en la Universidad de Harvard se daba a conocer por el nombre de José Augustus Aymar Camprubí. José se llamaba el abuelo paterno y los tíos, por dos ramas: José Benjamín Augustus Aymar y José Camprubí Escudero. Lo que no le cuadraba a don Raimundo era que el apellido materno precediera al paterno; pero doña Isabel se lo daba, no como apellido, sino como nombre, a la usanza norteamericana, porque en los Estados Unidos donde el único apellido que llevaban los hijos era el del padre, para conservar rastro del linaje materno, se daba como nombre de pila el apellido de la madre. Doña Isabel sentía que necesitaba abrirle paso a su hijo en los Estados Unidos, identificándolo con el linaje Aymar, bien conocido en ese país. Camprubí, por el contrario, era un nombre extranjero completamente desconocido.

Augustus James Musson Aymar, progenitor de la familia paterna de Isabel Aymar de Camprubí, descendía de un hugonote que llegó a América en el primer tercio del siglo XVIII. [8] El nombre Eymar, variación de Aymar, aparece en 1731 en los archivos de la Iglesia Francesa de Nueva York, en el acta de bautismo de una hija de Jean Aymar, progenitor de la rama americana. Poco se sabe de los antecedentes directos de éste, entre sus descendientes

---

[7] De una carta de Isabel Aymar de Camprubí a «My darling little boy» en los mencionados archivos.

[8] Ver: Benjamín Aymar, *Aymar of New York*, reprinted from the *Proceedings of the Huguenot Society of America*, Vol. III, Part, 2, New York, the Nickerbocker Press, 1903.

circulaban historias de su fuga de Francia, cuando se revocó el Edicto de Nantes. Salieron con mucha prisa debido a las persecuciones religiosas, «dejando el pan en el horno y la carne al fuego». Pasaron por el Rhin a Alemania y de allí a Inglaterra, donde no se sintieron a gusto, por lo que optaron seguir a América. Después de un viaje accidentado y de una tormenta en el mar en la que perdieron a algunos de sus familiares y sufrió la nave grandes averías, lograron refugiarse en las Indias Occidentales, y permanecieron en Nassau, en la Isla de Nueva Providencia, por algún tiempo, emprendiendo otra vez el viaje a Nueva York, donde finalmente se establecieron y residieron casi todos sus descendientes.

De los Aymar franceses que abrazaron las doctrinas calvinistas por las que sufrieron persecución, unos pelearon y otros predicaron. Se cree que Jean Aymar, progenitor de la rama americana, llegó a Nueva York al trasladarse allí la Iglesia Francesa de Nassau. Entre los descendientes circulaban toda clase de historias en cuanto a su situación económica. Algunos habían oído decir a sus antepasados que en su fuga los Aymar cargaron con algunas riquezas, que poseyeron grandes bienes raíces en Francia. No se les conoce blasón, ni pudieron documentarse esas historias. Jean Aymar está registrado como «yeoman» o labrador rico, en algún documento americano. De sus descendientes, Benjamín Aymar, el bisabuelo de Zenobia, era un hombre riquísimo.

La historia del bisabuelo, Benjamín Aymar, está íntimamente relacionada con la de la gran ciudad de Nueva York. En la barriada donde él vivía, en la parte baja de la calle Greenwich, entre 1800 y 1840, estaban concentradas las familias más ricas. Los dueños de las diez magníficas mansiones de esa hilera de casas entre las calles Battery Place y Morris, tuvieron más que ver con la historia del puerto de Nueva York que cualquier otro grupo de la ciudad. Sus bellas mansiones al estilo colonial norte-americano fueron planeados por el Comandante Pierre Charles L'Enfant, el mismo arquitecto que hizo los planes de Wáshington, la capital de los Estados Unidos. Los ricos comerciantes neoyorkinos, dueños de esas casas, escogieron el lugar por su magnífica vista de la bahía. De los altos, podían ver el ir y venir de sus barcos que hacían la travesía a las Indias Orientales y Occidentales, a la América del Sur, a la China, a Rusia. De la casa de Benjamín Aymar y su esposa, Elizabeth van Beuren, se veía el paquebote «De Witt Clinton», y los de sus vecinos: el «Native», de los Delafield; el «Trident», de los Howland; el «Ysaac Bell», de la familia Bell-Rogers. [9] Estas embarcaciones, de correo y de pasajeros, traían a América los productos exóticos del resto del mundo: especias, marfil, ron, azúcar, café, té, sedas, pieles, vodka. Los dueños de estos barcos, con sus tempranas empresas, fueron los arquitectos del comercio neoyorkino. Por ellos, Nueva York se fue convirtiendo en un puerto mundial. Los comerciantes de la calle Greenwich eran los aristócratas de la ciudad, como lo fueron en la joven América del Norte todos los que con su trabajo contribuyeron a su grandeza. Esa aristocracia estaba bien establecida a principios del siglo XIX. Cuando el General Marqués de Lafayette visitó a Nueva York por vez primera después de la Revolución Americana, a cuya victoria él contribuyó, se le agasajó con una fiesta brillante en casa de la familia del comerciante Ysaac Bell, con la

---

[9] Esta información y la que sigue, concerniente a Benjamín Aymar, está basada en tres artículos de una serie por Helen Worden, titulada «The Light of Other Days», que se publicó en el periódico *New York World-Telegram*, empezando el lunes 9 de octubre de 1944, Zenobia le proporcionó los artículos a esta autora.

asistencia de todos sus ricos vecinos de la calle Greenwich. Benjamín Aymar, el bisabuelo de Zenobia, nacido quince años después de la Independencia de los Estados Unidos, tuvo nueve hijos, cuatro de los cuales dejaron descendencia, entre ellos Augustus, padre de Isabel Aymar de Camprubí. Padres e hijos iban y venían de la América Sajona a la Hispana, donde tenían tierras y negocios de azúcar. Fue por esto que Augustus Aymar, el hijo mayor de Benjamín, conoció a Zenobia Lucca, que había de ser la abuela puertorriqueña de Zenobia Camprubí.

Zenobia Lucca de Aymar nació en Puerto Rico en un lugar llamado Guayanilla. Allí residían sus padres, Giuseppe Lucca y Luisa Balleste. La madre de Luisa Balleste, tatarabuela de Zenobia Camprubí, era también de Puerto Rico. Cuando nació Zenobia Lucca, el 15 de diciembre de 1827, Guayanilla era un barrio de Nuestra Señora del Rosario, de Yauco, pueblo al Suroeste de la Isla, fundado en 1756. Lo de «Yauco», nombre por el que se conoció después, era de origen indo-antillano. En el barrio de Guayanilla se había establecido una población más numerosa que la del pueblo y con mejores casas. Cuando Zenobia Lucca tenía seis años, se fundó oficialmente el pueblo de Guayanilla. Inmediato a la costa, tenía una magnífica bahía y muy buenos terrenos. Por el puerto hacían los vecinos el tráfico exterior. Por Real Orden del 10 de febrero de 1871, se habilitó como puerto para el comercio general, creándose una aduana. Para entonces, Zenobia Lucca ya estaba casada con el norteamericano Augustus Aymar. Se casaron en Nueva York en 1845 y tuvieron tres hijos. La primera, Luisa Elizabeth, nació allí al año y murió allí antes de cumplir dos. La segunda, Isabel de la Nieve, madre de Zenobia Camprubí, nació en Guayanilla en 1850 y tres años más tarde nació el único hijo varón, José Benjamín Augustus, el querido tío de los niños Camprubí Aymar, que les regalaba caballitos y pianos.

Cuando Isabel Aymar se trasladó a Barcelona con su marido Raimundo Camprubí, y el primogénito, Yoyó, único nieto de Zenobia Lucca de Aymar, ésta iba a pasar con ellos los veranos, acompañada de su hijo José Benjamín, que permanecía soltero, pese a sus treinta y pico de años. Cuando murió su marido, en 1891, en Flushing, Long Island, se estableció con José en el Paseo de Gracia de Barcelona, en un gran piso con toda la familia Camprubí-Aymar. Esos fueron los años que dedicó a su nieta Zenobia, hasta su muerte, en la misma Barcelona, en 1895. La enterraron en el Cementerio Nuevo de esa ciudad, su marido estaba enterrado en el panteón de la familia Aymar, en el Greenwood Cemetery, de Brooklyn, Long Island.

A la muerte de la abuela, el tío José Aymar permaneció en Barcelona y cuando los sobrinos se mudaron a Sarriá, cogió un piso en la misma casa para estar cerca de ellos, José acompañó a su hermana Isabel a los Estados Unidos, cuando fueron a arreglar los asuntos de la herencia y a dejar a Yoyó en Harvard; pero entonces conoció a una viuda, Lillian Le Bau de Schieffelin, se enamoró de ella y al año siguiente se casaron y ya el tío se quedó a vivir en Nueva York, quedando Isabel Aymar privada de ese vínculo familiar que le hacía la vida fuera de su país más llevadera.

Criada con la relativa libertad de una mujer del Nuevo Mundo y en particular de los Estados Unidos, en la adusta España de su marido, al alejarse de Barcelona, donde vivían sus familiares políticos y tenía amistades, se sentía incómoda. Correctísima en sus modales, en sociedad se avenía a las normas; pero llevaba su casa como era su costumbre en los Estados Unidos. Allí se servía «roast beef» y «pudding» y se cenaba a las seis y media o a las siete de la tarde, horas en que los españoles andaban de paseo. Cuando se anunciaba la comida, el que estuviera de visita era invitado, invitación inesperada que les ponía en un compromiso que no habían intentado contraer. Por esa razón, las amistades españolas se aislaban, lo cual no hizo mella en ella, porque su marido y los familiares de su marido estaban bien relacionados. Tenía amistad con los abuelos de la niña Muntadas y con la familia del Dr. Cardenal, celebridad médica, cuyo hermano ingeniero, Carlos Cardenal, era compañero de trabajo de su marido Raimundo Camprubí, y con la familia García Navarro, antiguos amigos de los Camprubí Escudero. Doña Isabel quería mucho a sus cuñados, Félix Camprubí, padrino del primogénito Yoyó, y a su mujer Teresa, y a Pepe, hermano menor de su marido Raimundo, aún soltero. Los cuñados eran oficiales militares y vivían a una corta distancia de su casa en el Paseo de Gracia de Barcelona. Los niños Camprubí Aymar iban a ver a sus tíos paternos, debidamente acompañados, en los caballitos que les regalara el tío americano.

Los hermanos Camprubí no eran ricos, vivían de su carrera y procedían de una distinguida familia de militares. José Camprubí Torréns, el padre, era natural de la Pobla de Lillet, Barcelona, y ganó la Laureada de San Fernando en la última guerra Carlista. El y sus hermanos habían hecho la guerra Carlista en Cataluña al lado del General Martínez Campos. Su esposa, doña Salustiana Escudero, era natural de Pamplona. El matrimonio dio a sus hijos una buena carrera, Raimundo Camprubí era ingeniero y estaba en la Compañía Madrid-Aranjuez-Alicante; pero se hubiera casado con una americana de cualquier modo, y nacida en Puerto Rico, como Isabel. De soltero fue asignado a esa isla como Ingeniero de Caminos, Canales y Puertos, a dirigir la construcción de una carretera entre dos poblaciones importantes: de Ponce a Coamo, un tramo de seis leguas de distancia. Para esa fecha, el último cuarto del siglo XIX, Ponce, que habría de convertirse en la ciudad más señorial de la isla, era un partido de importancia por su población, su extensión y sus cosechas y Coamo, pueblecito de ese partido, era célebre por sus fuentes de aguas minerales sulfurosas, con fama de curar males. A los baños de Coamo acudían enfermos de dentro y fuera de la isla en busca de la salud.

Raimundo Camprubí se prendó de una de las muchachas más bellas de Coamo, Elvira, hija del Alcalde don Clotilde Santiago; pero Elvira estaba prometida a otro. Después Raimundo se enamoró de otra belleza puertorriqueña, Isabel Aymar, la que habría de ser madre de Zenobia. Se conocieron en San Juan, puerto y capital de Puerto Rico, en uno de los muchos viajes de Isabel, de Guayanilla a Nueva York. Al parar en San Juan, de donde embarcaba, Isabel Aymar se hospedó en la misma pensión que Raimundo Camprubí. Se casaron el 9 de marzo de 1879, Isabel tenía casi veintinueve años y él treinta y tres. Pasaron la luna de miel en los Estados Unidos, donde Isabel tenía muchísimos tíos y primos que residían en la ciudad y el Estado de Nueva York.

Con toda esa inmersión de sangre norteamericana, Isabel Camprubí estaba norteamericanizada, pese a su nacimiento y residencia en Puerto Rico, por eso criaba a sus hijos como norteamericanos y tenía los medios de cultivar su inclinación a la tierra de su padre, que le dejó a ella y a sus hijos un gran fondo fiduciario del que habrían de recibir rentas en vida periódicamente y estaba destinado solamente a los descendientes directos de Benjamín

Aymar, es decir, que ningún consorte de las mujeres de la familia habría de participar de ese capital, que consistía, entre otras cosas, de bienes raíces en la ciudad de Nueva York. No participaría Raimundo Camprubí, que «poseía medios independientes» según rezaba discretamente el legado, una cláusula del testamento especificaba que el usufructo derivado de ese capital que Isabel y después su hija Zenobia recibiría, a su debido tiempo, era para uso único y separado de ellas, «libre del control de cualquier marido». Estas cosas tenían que molestar a Raimundo Camprubí, en particular, que cuando su mujer lo quiso, pudo enviar al hijo mayor a estudiar a Harvard. Lo que para ella era un deber, darle a sus hijos varones la mejor educación posible de acuerdo a sus medios, era para él una privanza. Yoyó era la ilusión de su padre, serio y reservado, se parecía mucho a él, su partida le ocasionó un gran disgusto.

Cuando los Camprubí Aymar se trasladaron a Valencia había empeorado la situación, con los hijos mayores fuera y el pequeño, Epi, pasando por lo que a Zenobia su hermana, y a los demás, menos su madre, les parecía «una etapa neurótica». La difteria padecida en la niñez, le afectó el desarrollo normal de la vista y el oído, el niño mantenía la cabecita torcida como postura natural, quizá tratando de oír mejor y tenía un tic «nervioso», decían. Su madre lo protegía teniéndole en casa sin asistir a la escuela, su padre determinó que no podría seguir en casa y tendría que empezar a ir a la escuela. Doña Isabel quería llevarle de nuevo a Suiza, donde ya había sufrido una intervención quirúrgica, pero don Raimundo se negó a darle el dinero para el viaje. La situación se agravó al recibirse una amenaza de un deudor. Creía doña Isabel que su marido había incurrido en deudas jugando a la Bolsa de París. Sabiendo que ella tenía bienes le escribieron pidiéndole dinero, amenazándola con asesinar a su hijo en su propia casa. Don Raimundo no quiso tomar la amenaza en serio. Doña Isabel, aterrorizada, decidió partir a América y huyó de Valencia hasta Barcelona, compró billetes hasta Lyons y de allí a París para despistar, embarcando finalmente para los Estados Unidos.

La precipitada marcha de su mujer disgustó sobremanera a don Raimundo, que consideró, desde ese momento, que ella había muerto para él. Por eso, recordando la estancia en Valencia, Zenobia la llamaba «una página negra». Por otras razones había sido también «el colmo del ennui».

NEWBURGH, EE. UU.

La América del Norte fue para Isabel Aymar de Camprubí un verdadero refugio. Sin recobrarse del temor causado por la amenaza a su hijo, después de visitar a sus familiares, alquiló una casa en un lugar residencial aislado del Estado de Nueva York, Newburgh, ciudad de unos veinticinco mil habitantes, sobre la orilla oeste del gran río Hudson, a unas cincuenta y siete millas de la ciudad de Nueva York. Además de ser un lugar aislado, que necesitaba ella como protección contra la amenaza de la que había huido, por esas partes residían sus familiares norteamericanos más allegados. Al otro lado del río, en la orilla Este estaba Yonkers, un lugar mucho más grande que Newburgh y conectado con la ciudad de Nueva York por buenas vías de transportación. En Yonkers vivía una prima hermana muy querida, Elizabeth Van Buren White, [10] hija de su tía Elvira Lynch Aymar. Zenobia llamaba

---

[10]   No de la familia del Presidente Van Buren de los Estados

a esta prima segunda, tanto mayor, «Aunt Bessie» y otra prima Aymar, Elizabeth Aymar Crooke, vivía también en Yonkers, y tenía una hija, Hanna Crooke, con la que habría de llevarse muy bien.

Yoyó, el hermano mayor graduado de ingeniero, trabajaba en la misma ciudad de Nueva York, en la construcción del gran túnel bajo el río Hudson. Raimundo, que había estado interno en Suiza, asistía a la Universidad de Columbia, del mismo Nueva York, y otros parientes por la rama Aymar, vivían en los cercanos Estados de Connecticut, Pennsylvania y Massachussetts. Además, el querido tío José Benjamín Aymar y su esposa Lillian Le Bau, estaban cerca, en el Estado de Nueva Jersey. Las hermanas de Lillian, Edith y Bertha, que no tenían hijos, se habían encariñado con los niños Camprubí Aymar y pasaron a ser también «tías». Bertha, soltera, vivía en Nueva York y Edith, muy bien casada con Edward Tiffany Dyer, residía en Wáshington, la capital y, como toda la parentela por la rama Aymar, gozaba de envidiable posición económica y social. La incorporación de la recién llegada familia Camprubí Aymar a la vida norteamericana en sus mejores aspectos, estaba asegurada.

La casa de Newburgh tenía una gran pradera delante, atrás daba al campo y de los altos se veía el río. José (Yoyó) pasaba con su familia los fines de semana, asumiendo el papel de padre, lo que hacía tan bien que lo tomaban por verdadero padre. Hizo a sus hermanos socios del «Country Club» proporcionándoles un centro de distracción y un lugar adecuado para hacer amistades con personas de su edad y condición. Para el otoño de 1905, Zenobia y su madre tenían ya un círculo de amistades en

Unidos. Zenobia le dijo a esta autora que los Van Buren de su familia se consideraban muy superior sin el parentesco.

Newburgh. Zenobia, sobre todo, se veía por primera vez entre gente de su edad, haciendo las cosas propias de una chica joven. En seguida tuvo una amiga favorita, Mildred Odell, que empezó a sacarla a pasear en automóvil, a jugar cartas, a tomar el té, se hizo de un grupo que jugaba al tenis y hasta llegó a ganar una medalla en un torneo local. Las caminatas por los alrededores con la gente de su edad no le resultaban en nada aburridas, también iban a pasear en bote al lago, que quedaba cerca. A fines de septiembre el hermano José se presentó con un invitado, Henry Shattuck, miembro de una distinguida familia de Boston, que había sido su compañero de cuarto en la casa de hospedaje en que vivía, en Cambridge, Massachussetts, cuando ambos estudiaban en Harvard. Henry continuó la carrera de Leyes y ejercía esa profesión con una firma de Boston. Le llevaba ocho años, pero ella estaba acostumbrada a la compañía de personas mayores. Pasaron un fin de semana muy divertido, simpatizaron y jugaron al tenis en el Country Club. A Henry, mozo patricio de alta estatura y distinguido porte, le agradaba esa muchacha «española», llena de vida, que hablaba el inglés tan bien, pero tan distinto, porque tenía un vocabulario selecto y un gran sentido de la palabra y la expresión, pero su tono era distinto al del norteamericano. [11] La madre de Zenobia, Mrs. Camprubí, le parecía también tan distinta, pero de otro modo. Hablaba el inglés a la perfección, pero estaba llena

---

[11]   Impresiones recogidas de una entrevista por esta autora con el Sr. D. Henry Shattuck, en su despacho de Boston el 26 de mayo de 1967. El Sr. Shattuck recibió a esta autora que preparaba el estudio *Vida y obra de Juan Ramón Jiménez. La poesía desnuda*, tomos I y II, Madrid, Gredos, 1974, esclareciendo algunas dudas y ambientándola en cuanto a la época de los Camprubí Aymar en Newburgh y Flushing y a su intervención en los asuntos financieros de la familia.

de miedos, como quien anticipa una tragedia. Se veía consumida y cansada, tenía el pelo gris. A Henry Shattuck le parecía Zenobia muy apegada a la familia, no actuaba independiente de ella, como las chicas norteamericanas. Pero para Zenobia, la vida del hogar no había cambiado en nada. Se había criado dependiendo de la abuela, la madre y los hermanos para su entretenimiento. Su madre, que como la abuela era una mujer de amplia cultura, la acostumbró a la lectura desde temprana edad. En Newburgh, como en casi todos los pueblos y ciudades de los Estados Unidos, había una excelente biblioteca pública para uso de los habitantes en general y madre e hija sacaban libros prestados, algunos de los cuales se leían en familia, en alta voz. El hermanito Epi había mejorado desde su llegada a los Estados Unidos, con la prescripción de espejuelos adecuados que le corrigieron la visión, ayudándole el oído; asistía a la escuela pública y Zenobia le ayudaba con sus lecciones. Su madre le daba a ella lecciones de música, pues sabía tocar el piano, de literatura, de inglés, de composición y de francés.

Doña Isabel le impuso a su hija Zenobia, desde temprano, ciertos deberes. En Newburgh le hizo apuntar en un diario las incidencias de la vida cotidiana, no porque tuviera nada de particular, sino para que se diera cuenta de lo poco útil que se hacía en la vida comparado con lo banal. Así empezó Zenobia a llevar el primero de muchos diarios y aunque no siempre se acordaba de hacerlo, trataba. La falta más grave que tenía que confiarle al diario era el no poder levantarse a tiempo para el desayuno, que se anunciaba al toque de una campanilla, por lo demás las entradas en el diario eran un registro de sus idas y venidas, no de sus pensamientos íntimos.

En octubre, por mediación de sus amistades, doña Isabel le consiguió a Zenobia maestra particular, una Miss Wygant que la prepararía para entrar en la universidad. Con Miss Wygant y Mildred Odell, iniciaron madre e hija una serie de actividades culturales: fueron a los conciertos de la Academia de Música, fueron a espectáculos del famoso colegio Vassar, de mujeres, que quedaba en Poughkeepsie, otra ciudad a la orilla del Hudson. Allí vieron *El mercador de Venecia*, de Shakespeare. Zenobia, que sólo sabía de los colegios católicos de España, a los que ella jamás asistió, pero se enteraba por sus amigas María Muntadas y Raquel García Navarro, se asombró al conocer esa gran institución laica, fundada en 1861 por el dueño de una cervecería y un bar, Matthew Vassar, inglés que se enriqueció en ese negocio, heredado de sus padres. Por la cervecería se hizo famosa la institución, porque los familiares de Vassar, encargados del negocio, siguieron dotando al colegio, que se convirtió en uno de los mejores colegios de mujeres del país. Después conoció a otra gran institución, la Academia Militar de West Point, también a orillas del río Hudson, fueron allí a presenciar un juego de fútbol entre el equipo de la Academia y el de la Universidad de Yale. Los juegos eran divertidos, con los cadetes desfilando en formación y la música de las bandas colegiales, que tocaban muy bien y los «cheers» de los cadetes.

Zenobia hacía muchos viajes cortos por la vecindad, a visitar a su tía Bessie, y a los tíos José y Lillian y a la «tía» Bertha Le Bau. En el invierno se reducían las actividades sociales, entonces se leía mucho, obras clásicas como el teatro de Calderón y el de Shakespeare, y la Biblia y obras de Flaubert, y novelas históricas como la famosa *Kennilworth*, de Sir Walter Scott y revistas americanas, con artículos sobre montones de cosas de interés.

Seguía suscrita al *St. Nicholas,* pero leía también la *North American Review,* una de las publicaciones más influyentes en la propagación de ideas y en la mantención de la vída intelectual de los Estados Unidos. Y para agradar a su hermano menor, le leía cosas de muchachos: «My Uncle now escaped», «The Arctic I have known», «A dog hero», «When grandmother went to school», «A boy's letter». Otras veces pasaba la noche practicando con su madre conversación en francés, o escribiendo en francés al dictado, o ayudando a su madre en las labores de costura y empezó a escribir una novela corta y unos poemas.

Los hijos del matrimonio Camprubí Aymar se encontraban muy a gusto en los Estados Unidos y Zenobia iba saliendo del callejón sin salida de su vida de adolescente. Iba cambiando su carácter, desaparecían su palidez, su debilidad y su pasividad. Estaba aprendiendo a actuar por su propia iniciativa y sentía que una innata alegría se posesionaba de ella.

FLUSHING, EE. UU.

En el verano de 1905 se inició una nueva etapa en la vida de Zenobia. La primavera de ese año se mudaron a Flushing, distrito de la ciudad de Nueva York, de agradables barriadas residenciales, tranquilas, modernas, llenas de gente joven. [12] El pueblo era tenista, los famosos tor-

---

[12] En unos recuerdos de Zenobia de veinte páginas, titulado «Mis cuartos», que escribió durante su residencia en 4310 Queensbury Road, Riverdale, Maryland, anota solamente la dirección «Amity St.», de Flushing, la casa en que residieron más tiempo y condensa los datos. En su diario de los años de juventud en Nueva York hay más información, que nos ha servido de base para este trabajo y que ha sido constatada y ampliada por otras inves-

neos nacionales e internacionales se libraban en el estadio de Forest Hill de ese lugar. Ocuparon una casa subarrendada de un artista, pequeña y preciosa, amueblada con lo esencial y de muy buen gusto. A Zenobia le parecía allí todo «claro, escueto, útil y armonioso». Los adornos eran discretos, un zócalo alto de madera, pintado de blanco, en el comedor, alguna cerámica «como única decoración» y en la sala, de paredes tapizadas de verde, un único cuadro, pintura original de Howard Pyle, famoso dibujante de la vida colonial americana, especialmente de las regiones de Nueva Inglaterra y Nueva Amsterdam, que así se llamaba el antiguo Nueva York. A través de las cortinas blancas que cubrían las ventanas se veían los árboles y las praderas de los alrededores. En seguida hicieron amistades, la gente joven procuraba a los hermanos a diario para jugar al tenis y bailar y aunque en el otoño tuvieron que mudarse, porque regresaron los artistas, el ritmo de vida establecido no cambió.

Después de esa vivienda, cualquier otra le hubiera parecido a Zenobia menos deseable. Encontraron una casa en el 407 de Amity Street, que le pareció triste y oscura, tampoco le gustaba el barrio, por apartado, pero cerca vivía la familia de Robert E. Parsons, en la única casa que a Zenobia le parecía verdaderamente agradable y que estaba rodeada de un grandísimo jardín. Los Parsons tenían hijos de la edad de los Camprubí Aymar y aun mayores, una de ellas pasó a ser la mejor amiga de doña Isabel, que para esta fecha se había aislado por completo de la

---

tigaciones. «Mis cuartos» está fechado el 19 de agosto, sin el año. Por los datos que contiene puede fijarse en 1949, en cuya época Zenobia y Juan Ramón vivieron cerca de la residencia de esta autora, que enseñaba, como ellos, en la vecina Universidad de Maryland y que estudiaba el doctorado en Filosofía y Letras, bajo la tutela de Juan Ramón.

vida social. Zenobia se daba cuenta que económicamente no andaban muy bien las cosas. Los ingresos de su madre no eran ya para los gustos y los viajes, sino para el mantenimiento de la familia. Conservaban dos criadas, la ex esclava Bobita ya estaba muy vieja para trabajar; aunque era considerada el más fuerte vínculo de su madre con el pasado, porque sólo Bobita recordaba los nombres y lugares tan queridos de doña Isabel, los incidentes de su vida en el ingenio de sus padres, el halago de todos los buenos negros que le servían a la familia. Zenobia notaba la diferencia entre la vida cómoda y divertida de todos los familiares que visitaba y la que se podía hacer en su casa. Aun así, se dio cuenta de que una muchacha no tenía ni que ser bonita ni rica para gozar de popularidad. Ella y sus hermanos se unieron a los grupos tenistas, Henry Shattuck había vuelto a visitarla en un puente que le proporcionaba el primer lunes de septiembre, Día del Trabajo. Hicieron las cosas que hacía la gente joven, salieron a caminar como buenos amigos. El tenía obstáculos que vencer, por la diferencia de nacionalidad entre ambos y de religión, y porque estaba tratando de abrirse camino, aún no era miembro de la firma de abogados para quien trabajaba en Boston. Pero al irse le mandó flores.

A veces Zenobia reprimía su contagiosa alegría pensando en su hermano José, que se encontraba enfermo, afectado por el aire comprimido del túnel bajo el Hudson en que trabajaba y preocupada por el estado de depresión de su madre, porque mientras Zenobia se posesionaba más de su persona, su madre se retraía más. En las visitas con sus familiares en Massachussetts, se divertía de lo lindo, asistiendo a los bailes de gala del colegio de Middlesex, donde estaba interno su hermano Epi. La escuela Middlesex había sido fundada en Concord, Massachussetts, por un grupo de profesores de Harvard y colindaba con unos extensos bosques, propiedad de esa Universidad, cuyos alumnos participaban en las actividades culturales de Harvard. En Middlesex llegó a ser «The Belle of the Ball», la pareja más solicitada y admirada.

Como Flushing estaba tan cerca de la ciudad de Nueva York, la invitaban a los almuerzos, tés, cenas y saraos del escogido círculo de sus familiares. En una cena en casa del Obispo Episcopal Henry Codman Potter, de Nueva York, la sentaron al lado de un príncipe rumano. Fue a Broadway, a la Gran Vía Blanca, que no le gustó; pero le encantaba ir de compras a las grandes tiendas de la ciudad de Nueva York. En los inviernos iba a pasar unas semanas a Wáshington, la capital, con su «tía Ethel». Los tíos postizos se esmeraban en divertir a la sobrina.

Cada vez que iba a Wáshington la invitaban al Bachelor's German», invitación que era un codiciado galardón para la que tuviera interés en hacer un buen matrimonio porque en ese baile de gala se daban citas los jóvenes más ricos y los mejores partidos de la buena sociedad norteamericana. Fue iniciado por un club de hombres fundado en Baltimore, a mediados del siglo XIX, que instituyeron una serie de agasajos, tres bailes a todo tren, en la temporada social de invierno, entre enero y febrero, para corresponder a las muchas invitaciones que, como jóvenes solteros, recibían. Después se hizo costumbre que en los dos primeros fueran presentadas en sociedad señoritas de familias impecables escogidas por una exigente Junta Directiva. La costumbre de dar estos bailes se extendió a Wáshington y para la época en que Zenobia asistía a estas fiestas, sólo otras dos celebraciones de esa índole tenían el prestigio del «Bachelor's German», éstas eran el «Philadel-

phia Assembly», de la ciudad de Filadelfia, y el «St. Ceci-
lia's Ball», de la ciudad sureña de Charleston.

Después de una de estas temporadas en que Zenobia se
divertía tanto, le remordía la conciencia, porque se creía
en el deber de acompañar a su madre, siempre generosa
para con ella. Cuando se mudaron a la casa de Amity
Street, por ejemplo, doña Isabel insistió en darle a Zenobia la recámara más grande, que ella aceptó porque así
podía coger su mamá la de más sol. Es decir, que las con-
sideraciones eran mutuas. En uno de los cumpleaños de
su madre, Zenobia le llenó la casa de flores silvestres y le
presentó un bizcocho, como se acostumbraba, con velitas
encendidas por cada uno de los años que cumplía. Con un
material comprado en uno de sus viajes a Nueva York, le
hizo unas chinelas. De su madre había aprendido a hacer
esas cosas, porque cuando cumplió los veinte años, la madre le llenó el cuarto de rosas blancas y rosas y de orquí-
deas rosas, se reunieron todos los hermanos y le regalaron cosas exquisitas: hebillas de plata, zapatillas de satín,
camisas bordadas. Su hermano Epi le dio un modelo de
un barco, porque Zenobia se ocupaba mucho de él y le
mandaba golosinas a la escuela en que estaba interno y
con su mamá, le había hecho unas velas para su barco.

El cumpleaños de Zenobia y el de su madre caían en
el verano y los veranos eran siempre mucho más agradables porque regresaban sus hermanos de la escuela, Raimundo, que vivía en Nueva York con una tía mientras
asistía a la Universidad de Columbia, y Epi, del internado
de Massachussetts. Entonces jugaban otra vez al tenis en
el «Country Club», corrían en bicicleta, nadaban en Bay-
side, una playa cerca. Su madre no le escatimaba a Zenobia ninguna de sus diversiones; pero siempre atenta a la
formación de su carácter, seguía dándole responsabilida-

des. Cuando despedía a alguna persona del servicio, a Zenobia le tocaba conseguir otra, si doña Isabel se enfermaba o se ausentaba, como cuando iba a ver a la tía Bessie, Zenobia se quedaba al frente de la casa segura de sus deberes. Y sus deberes, en ausencia o presencia de su madre, eran bastantes: hacía labor de aguja, remendaba la ropa de sus hermanos y cuidaba de la propia, poniéndole broches o adornos. Hacía mandados, sacaba dinero del banco, pagaba las cuentas, cuadraba el talonario, separaba la ropa de casa para la lavandería, encargaba los comestibles, ordenaba las comidas, aunque a veces su cabeza no estuviera en esas cosas, como el Jueves Santo que mandó a hacer carne y la madre tuvo que contrarrestar la orden.

Doña Isabel le enseñó a su hija Zenobia a no desperdiciar, la hacía recoger lo que ya no era útil para dárselo a los que recogían esas cosas, como el «Salvation Army», que después las repartía entre los necesitados. Zenobia también hacía por el prójimo, sacando algunas horas de sus muchas actividades para dedicarlas a la escuela de párvulos, entreteniendo a los pequeños con juegos o cortándoles muñecos de papel. Y en medio de todas esas actividades, encontraba tiempo para sus lecturas en inglés y francés. Leía a Shakespeare y a otros escritores ingleses, autores de novelas históricas, como William Thackeray, Rudyard Kipling, Edward Bulwer Lytton. Le gustaba la historia y también leía obras meramente históricas como *The Rise of the Dutch Republic*, de John Lothrop Motley, en tres tomos.

Su vida interior era sosegada, aparte de la preocupación porque su madre le parecía cada vez más triste, no tenía conflictos ni de la carne ni del espíritu. Era religiosa como su madre, sin rendir mucho culto externo, actuando con rectitud y caridad. No albergaba pensamientos im-

puros ni egoístas. Los domingos y los días de guardar iba
a misa, como su madre; en la Semana Santa le gustaba
asistir a algún servicio en la bella catedral de St. Patrick,
de Nueva York. A los veintiún años se confirmó en la religión católica y comulgó por primera vez, por elección,
no por costumbre, ni por reglas, ni por coerción. Un jesuíta ilustrado que simpatizó con ella la instruyó en la fe,
«oficialmente». El encuentro con el jesuíta, el Padre William O'Brien Pardow, fue corto, pero dejó en ella una profunda impresión y jamás olvidó su consejo: «Cuando ten-
gas una dificultad en la vida, cuando te parezca ser una
cosa negra y oscura, espera siempre a oír la parte de Dios,
las razones que no comprendemos, que después se nos
hacen claras». El Padre Pardow era Rector de la iglesia
de San Ignacio de Loyola de Park Avenue en la ciudad de
Nueva York, y director de la escuela Loyola de esa parro-
quia. Un erudito y brillante orador, había estudiado en
Francia, en Canadá y en los Estados Unidos y descendía
de una familia católica distinguida, amante de las artes.
Su abuelo coeditó el primer periódico católico de la ciudad de Nueva York y un hermano de su padre fue Rector
de la primera iglesia católica de Newark, en el Estado de
Nueva Jersey. Zenobia se confirmó el 24 de mayo de 1908,
al año murió el Padre Pardow y otro sacerdote dijo, que
no solamente había sido un clérigo ilustrado, sino el hombre mejor, el más puro y el más sabio que había conocido
en su vida.

Al Padre Pardow le pareció Zenobia una muchacha encantadora, y lo era. En su niñez llevaba trazas de convertirse en una joven taciturna, apocada, sofocada su iniciativa y su alegría innata por un modo de vida familiar dis-
corde que le afectaba, aunque sin alcanzar a comprender
el conflicto y pese a que era la niña mimada de su padre

español y su madre americana. Las circunstancias familiares no afectaron a los hermanos mayores que salieron del hogar como estudiantes a temprana edad; pero ella y su hermano menor sintieron de lleno el conflicto. En los Estados Unidos sus vidas tomaron otros rumbos. Ella, tan cohibida, tan protegida y tan acompañada de pequeña, de señorita pudo ir y venir sola y acompañada, por necesidad y por antojo y sin menosprecio de su persona, de su nombre o de su familia. Desde antes de cumplir la mayoría de edad, sin marido que la «representara», fue considerada dueña de sus actos, digna de responsabilidad y útil a la familia y a la sociedad.

Poco antes de cumplir los veintiún años, empezó a asistir a la Universidad. El «Teacher's College» (Escuela de Pedagogía), de la Universidad de Columbia de Nueva York, había iniciado unos Cursos de Extensión a la manera de otras universidades distinguidas, como Cambridge y Oxford en Inglaterra, y la universidad de Chicago en los Estados Unidos, con el propósito de facilitarles a los maestros y a los miembros de la comunidad el seguir estudiando y admitían a los alumnos sin examen si tenían la instrucción propia del nivel secundario. En la primavera de 1908, Zenobia se matriculó en ese programa y siguió un curso de conferencias sobre literatura con el Dr. Frederick Henry Sykes que había hecho una carrera distinguida como educador. Era Director de los Cursos de Extensión y profesor de inglés y había escrito varios libros de texto y adaptaciones de las obras de Shakespeare para uso de las instituciones universitarias.

En el verano de 1908 Zenobia cumplió los veintiún años. La víspera, hizo el inventario de su vida y sus acciones y formuló las reglas de conducta que iba a seguir.

Quería, más que nada, desarrollar la voluntad de acción y se trazó un plan que correspondía a ese deseo:

Primero: Procurar la libertad de espíritu en todo lugar y acción y ser dueña de sí en toda demostración externa. Dominar las cosas, no permitir ser dominada por ellas.

Segundo: Recordar que nada se mueve de sí, que toda acción obedece a una coerción.

Tercero: Estar prevenida contra los extremos. Por un año, no permitirse pasar más de dos horas en la misma ocupación, excepto cuando dependiera de otros.

Cuarto: Hacer no menos de una visita o cumplir una obligación social a la semana, aun cuando se sintiera atribulada, nostálgica y poco sociable. Cuando se sintiera feliz y le fuera holgada la vida, leer por lo menos un libro, no una novela, a menos que no fuera obra clásica.

Quinto: Levantarse a las siete y media por todo un año. Descansar una hora al día, leer dos horas, escribir dos horas; hacer ejercicios para fortalecerse la espalda. Excepciones a estas reglas, los domingos o cuando no se sintiera bien.

Sexto: Planear un curso de lecturas para el invierno, basándose en el sumario de las conferencias del Dr. Sykes, de la Universidad de Columbia, e incluir lecturas adicionales en francés, italiano y español.

Séptimo: No prometer ni resolverse a actuar sin considerarlo bien y proponerse cumplir de lleno lo prometido.

Octavo: Una vez decidido un curso de acción y hecha una regla, no hacer excepciones ni concesiones.

Noveno: Si caía en la rutina, esperar hasta sentirse más capaz para continuar la labor.

Décimo: No permitirse que la absorbieran de lleno las cosas del espíritu o la meditación, volver con frecuencia a las cosas prácticas.

Como le preocupaba la familia, se propuso obligar a su mamá a hacer las cosas a las buenas, sin recriminaciones. Además, era necesario interesar a su hermano mayor, José, en las cosas culturales y hacer más cuidadoso a Raimundo en el vestir y ayudar a Epi a madurar y escribir bien. Ella misma tendría que atender a su correspondencia y escribir a España (pero no decía, a su papá), por lo menos, ocho páginas cada dos semanas y acordarse del cumpleaños de la familia y de los tíos paternos en Barcelona, y recordar los aniversarios felices y tristes.

Sentía que había aprendido mucho de su contacto con las otras personas. Al hombre tranquilo había que tomarlo por vergonzoso, pero por jovial, cariñoso y humano; la mujer tranquila era probablemente sensitiva e interesante, con la jovial se podía contar para planear muchas actividades. Era necesario reir para que el mundo riera con una; pero el mundo estaba hecho a base de intercambio y había que tener cuidado con «las gangas» que se anunciaban en el camino de la vida.

En el otoño de 1908 Zenobia ingresó en el Programa de Extensión del Teacher's College como estudiante especial y empezó a asistir con regularidad. Era la primera vez que asistía a una institución de enseñanza como alumna oficial; pero poseía una cultura más vasta en las humanidades que la del estudiante corriente. Conocía de literatura inglesa, española, francesa e italiana, había leído la historia europea y la americana y a los autores de la antigüedad romana y griega. Sabía de música, se podía desenvolver en tres lenguas: el inglés, el español y el francés. Se matriculó en dos clases de inglés con el Dr. Sykes: «Literatura del siglo XIX» y «Formas típicas de la literatura» y en «Composición inglesa» con una profesora Boyersee; asistía a clases los lunes, de cuatro a cinco y media de la tarde y los sábados desde las nueve de la mañana hasta las doce y media de la tarde. El programa de estudios la absorbió por completo, se dio de lleno a la vida académica y por buen tiempo no se le vio en los círculos sociales que antes frecuentaba. Estaba dedicada a las abstracciones. Cuando tuvo que hacer un trabajo escrito para la clase de composición dividió a la humanidad en dos grupos psicológicos, el de los contemplativos y el de los activos. Los contemplativos, en imitación del Gran Padre Buda, se sentaban a la orilla del camino con los ojos fijos en las nubes. Para ellos, lo que estaba escrito, escrito estaba. Pero los activos, entre los que se encontraban románticos en gran cantidad, se caracterizaban por su supra-percepción de la vida y su constante descubrimiento de ideas nuevas.

Zenobia se dio a los estudios con tanto afán, que al llegar el invierno estaba agotada. Como de costumbre, en enero fue a visitar a su tía de Wáshington, pero se sentía cansada y sin ilusiones, y le parecía que desde el principio todo le iba saliendo mal. Los tíos se alarmaron al verla, y como había llegado en el mismo tren que una hija del difunto Presidente James Garfield (asesinado en 1881, a los seis meses de ocupar el poder), y la viuda era amiga de los tíos, éstos la llevaron en seguida a conocerla, lo que a Zenobia le pareció horrible, pues no había podido ni cambiarse la ropa porque el baúl aún no llegaba. Pero en otra ocasión esto no le hubiere importado tanto.

Como no salía de su deprimido estado, la tía se empeñó en distraerla. La llevó a recibos, tés, almuerzos, comidas y bailes en las mansiones y clubs más aristocráticos de la capital; cenó en embajadas y legaciones, fue a un matinée de la Embajada británica que le pareció un fracaso personal; pero un diplomático inglés que conoció allí la invitó después a bailar con él al «Bachelor's German». Invitada a almorzar en casa del Coronel Du Pont, jefe de la familia de los fabricantes de productos químicos del Estado de Delaware, que por ser Senador residía en Washington, conoció a su joven hijo, Henry Francis, que no pareció prestarle mucha atención, lo que la hizo sentirse de nuevo un fracaso en sociedad. Después de muchas visitas, muchos tés y muchos festejos, un día, almorzando con una amiga, se dio con tres galanes, entre ellos el joven diplomático y Henry F. Du Pont. Los jóvenes tuvieron muchas atenciones con ella y los tres la acompañaron hasta la casa de su tía después del almuerzo, el joven Du Pont fue el último en despedirse. Zenobia volvió a sentirse feliz, como en su época de mayor popularidad y cuando asistió a un recibo con el Juez Richard Harlam y su hija, amigos de su tía, el joven Du Pont, que estaba allí, la sacó a bailar repetidamente librándola de un hombrecillo pegajoso que la retenía de la mano en contra de su gusto.

A Henry Du Pont le gustó Zenobia Camprubí Aymar; pero ella era demasiado sana y falta de malicia para avivar su interés, lo que cualquier otra chica hubiera hecho en sus circunstancias. Henry F. Du Pont era el único hijo varón del Coronel Du Pont y era biznieto del fundador de la empresa, Eleuthère Irénée du Pont de Nemours. Tenía su residencia permanente en una de las casas más bellas del Este del país, llamada «Winterhur» y situada en las afueras de Wilmington, Delaware, donde estaban las grandes fábricas de la compañía Du Pont de Nemours. [13] Fue

---

[13] El joven Henry F. Du Pont vivió la casa hasta 1951, ya casado, y la desocupó para mudarse a otra que construyó al lado. La casa paró en museo de cultura americana, que hoy lleva su nombre, y es famosa por sus jardines. Está abierta al público en la primavera.

construida al centro de mil acres de un terreno onduloso,
en 1839, por el primer hijo político del fundador del imperio comercial, que procedía de Winterhur, Suiza. La casa
fue ampliándose hasta que llegó a tener más de cien habitaciones, con hogares y escaleras traídas de otras grandes
mansiones americanas. Henry Du Pont le mandaba después a Zenobia saludos de Navidad de «Winterhur».

Lo que más le complacía a Zenobia de los jóvenes que
conocía en Wáshington era su formalidad, porque en ellos
sí se podía confiar. Después de convencerse que era tan
popular como en sus mejores épocas, recobró su habitual
alegría y volvió a sentirse dueña de sí; pero siempre que
se divertía demasiado, le daba por hacer un poco de vida
ascética y volver a las ocupaciones serias, lo que la ponía
nostálgica de nuevo.

De vuelta a Nueva York, en febrero de 1909, encontró
a su madre buscando piso y planeando regresar a España.
Era la segunda mudanza en un corto plazo, porque a fines de 1908 se habían mudado a otro sitio en Flushing, el
110 de la Avenida Jaggar. Se casaba José, el hermano mayor, que había sido un gran sostén de la familia; Raimundo, el que «se había descarriado», como decía Zenobia, no
se llevaba bien con su madre y vivía fuera, aunque había
abandonado los estudios, y Epi estaba para ingresar en
Harvard a estudiar ingeniería como su padre y hermano.
Zenobia y ella no necesitaban una casa y la situación económica había cambiado. A raíz del traslado de la familia
a los Estados Unidos, José, que era, de los tres hermanos,
el más juicioso y el único en que se podía confiar, invir-
tió algún dinero de su madre en acciones de la Bolsa y lo
perdió y el capital heredado del abuelo Augustus Aymar
había mermado por malos manejos del tío José Augustus
Aymar, ejecutor testamentario del fondo fiduciario. Y don

Raimundo se había desentendido de la familia moral y económicamente, un hecho que Zenobia resintió siempre, tomando el lado de su madre y sintiendo cada vez menos apego hacia el padre.

Zenobia y su mamá se mudaron al «Hotel Martín», 3, Oeste de la calle 8 de Nueva York. Con la boda de José, era mucho lo que tenían que hacer, Zenobia no tenía tiempo para continuar los estudios. José se casaba bien, con una muchacha querida de toda la familia. Ethel Leaycraft, la futura hermana política de Zenobia descendía de una familia muy parecida a los Camprubí Aymar y durante el noviazgo, las jóvenes se visitaban y participaban juntas en actividades sociales. Ethel Leaycraft descendía de Nicholas J. Roosevelt, uno de los más distinguidos inventores e ingenieros de los Estados Unidos a principios del siglo XIX, que casó con Lydia Latrobe, de Baltimore, descendiente, a su vez, de otro arquitecto e ingeniero famoso, Benjamín Henry Latrobe, llegado a América de Inglaterra en 1796. A él se debía la construcción de muchos edificios importantes de Filadelfia, Wáshington y Richmond, tanto que le encomendaron, con Charles Bulfinch, la reconstrucción del Capitolio de Wáshington a raíz de su destrucción en el incendio de 1814. Por otra parte, el bisabuelo de la novia, Jeremiah Leaycraft, fue sucesor de la firma Leaycraft & Company, de mercaderes de las Indias Occidentales y dueños de barcos, como los Aymar.

La boda se celebró el jueves 18 de febrero, a las doce del día, en la iglesia St. Peter, de Essex Fells, Estado de Nueva Jersey y seguida de un gran almuerzo en uno de los hoteles más elegantes del lugar. Zenobia cayó enferma al día siguiente con un ataque de apendicitis. Aun así, se encargó de mandar participaciones de la boda a algunos familiares, y de llevarle un pedazo del bizcocho de bodas al tío José Aymar que no pudo asistir por enfermedad, y le escribió a su hermano Epi celebrándolo por su comportamiento, pues se dio cuenta que a todo el mundo agradaba con sus modales. Aprovechaba la ocasión para aconsejarle, recomendándole que si ponía su concentración en lo que estaba haciendo todo le saldría bien, que no se desanimara ni titubeara porque se podía hacer algo bello de la vida con mente firme y la ayuda de Dios. El que malgastaba sus energías, desviándose, fracasaba a mitad de camino y ella estaba convencida de que su hermanito podía convertirse en un hombre capaz y resuelto. Epi, pese a su debilidad física, tenía una mente brillante, anticipó, por ejemplo, la importancia de la máquina Diésel al inventarse, antes de que funcionara de lleno. Heredaba, de sus antepasados y de su padre, la inclinación a las cosas prácticas de la vida. Zenobia lo alentaba constantemente porque de sus tres hermanos era el que mayor dificultades tenía que vencer; pero en el momento en que le escribía a su hermano atravesaba ella una de las mayores crisis de su joven vida. Le parecía monstruoso que su madre hubiera resuelto regresar a España y así lo dijo donde ella pudiera oírla.

Doña Isabel consideró la exclamación de su hija un acto de rebelión. Su actitud la confundía, porque ella jamás había pensado en otra cosa que en el bienestar de sus hijos y en el de Zenobia en particular. Por no echarle a perder sus sanas alegrías, sus fiestas, sus placeres, disimuló sus ansiedades, sus malestares y sus privaciones y se culpaba creyendo que había contribuido a lo que, de momento, le parecía egoísmo y falta de cariño en Zenobia. Estaba convencida de que su hija no la comprendía, que era para ella objeto de compasión, que poco a poco Zenobia iba considerando que sabía más que ella y quería darle lecciones en vez de aprender. En opinión de doña Isabel, Zenobia no quería volver a España por no abandonar los bailes de sociedad y las amistades placenteras, sin darse cuenta que el único cariño de verdad era el de su madre. Y no podía llegar a creer que Zenobia no la quisiera, a ella, su madre, que había puesto en esa hija todo su cariño porque desde la cuna había aprendido que por el cariño solamente valía la pena vivir.

Zenobia había llegado a la verdadera mayoría de edad y cortaba las amarras. Pero resolvió, por voluntad propia, volverse a España con su madre, aunque fuera temporalmente y decidió dejar atrás las memorias, las resoluciones, el patriotismo que le inspiraba la tierra de su abuelo, con la que identificaba a su madre. Su vida futura era un libro en blanco, lo escribiría como conviniera. De momento, las cosas iban de mal en peor, tuvo que ingresar en el «Roosevelt Hospital», de Nueva York, y someterse a una intervención quirúrgica a principios de marzo. El doctor Joseph A. Blake la operó de apendicitis y a las dos semanas le dieron de alta. Cuando salió del hospital, su madre tenía los pasajes para embarcar a España el 23 de marzo. Apuntaba la primavera de 1909; pero para Zenobia la vida se había convertido, de momento, en un triste invierno.

LA RABIDA

Embarcaron en el «S. S. Finland» que salía de Nueva York rumbo a Nápoles y paraba en las Azores, en Madera y en Gibraltar. Iban para Huelva, a reunirse con el padre, D. Raimundo Camprubí, destinado allí para la construcción de una carretera. A Zenobia no le parecía que iban a la casa de su padre, sino a la empresa de su padre, porque de nuevo, tendrían que vivir en la casa destinada al Ingeniero de Caminos, Canales y Puertos.

Su prima Hanna Crooke iba a España con ellas, lo que le hacía el viaje más llevadero, aunque Hanna era diez años mayor, pero habían disfrutado de muchos ratos agradables en Nueva York. Hanna pintaba y le gustaba hacer de jardinera y hortelana. Enteradas de que por Huelva no se cultivaban las toronjas, pensaron que podían iniciar ese cultivo, razonando que si las toronjas se daban en la Florida, al Sureste de los Estados Unidos y en el valle de Eufrates, tierras en su opinión parecidas a Andalucía, tenían que darse en Andalucía. Lo esencial era hacer algo útil.

La prima Hanna no hablaba español, Zenobia decidió darle clases a bordo. Tenía ideas novedosas sobre cómo aprender una lengua, no creía que era necesario empezar por la gramática, lo importante era «sentir» la lengua. Hanna debía empezar aprendiendo a preguntar, por ejemplo, «¿Cuánto cuesta? y a responder «Cuesta demasiado» o haciendo comentarios de ocasión: «Ese tipo es un tío», en referencia a uno de los pasajeros. La prima Hanna la privó de experimentar con ella, porque le interesaba más dormir que aprender el español. Zenobia se entretuvo entonces leyendo los artículos sobre España que una prima norteamericana, editora, les proporcionó, con un montón de advertencias sobre la vida en ese país.

Zenobia quería escapar del volcán que tenía en su cerebro, de la tristeza que le ennegrecía el alma. Como el mar se embravecía a veces, sentía que iba a marearse, y trataba de dominarse, pensando que esa enfermedad era producto de las mentes enfermas y nerviosas y ella tenía mucho que hacer para perder el tiempo en enfermedades. Tenía que decidir cómo trasladarse a Sevilla, una vez que desembarcaran en Algeciras. En Sevilla tenían amigos americanos, por eso pensaba con gusto en esa ciudad. En los ratos de ocio, observaba los tipos a bordo y bromeaba con la prima, que era muy divertida. Hacia el final del viaje, absorbida en la vida de a bordo y el placer de ir conociendo sitios nuevos cada vez que el barco hacía escala, no le quedó tiempo de pensar en cosas tristes. Desembarcaron en las Azores, recorrieron la isla de Madera, la siguiente escala fue en Gibraltar, a donde llegaron el sábado 3 de abril de 1909. Pasaron la noche en un hotel, asombradas de que les costara solamente quince pesetas por persona. Habían decidido ir a Algeciras y de allí a Granada. El viaje por tren fue largo, pero divertidísimo porque había muchos viajeros ingleses que a Zenobia le parecieron gente encantadora, sobre todo el Oficial de Marina que ocupaba el mismo compartimiento y que iba a Sevilla, pero cambió su itinerario cuando se enteró que irían ellas a Granada.

El tren hacía muchas escalas, pararon en Ronda veinte minutos, y después en Tagus, y ellas se bajaban cada vez que podían y sacaban muchas fotografías. Sabían que estaban causando sensación porque en los pueblos por donde iban los chicos del lugar las seguían y la gente se asomaba a las puertas a verlas pasar. Tan divertidas estuvieron en su papel de turistas que perdieron el tren en Tagus. Pero esa tarde se apareció su papá con el equipaje de mano y lo que habían de necesitar para el resto del viaje. Después de la larga ausencia, la presencia del padre no la emocionaba.

Conocieron en el camino a un ministro que invitó a la familia a visitarle en Madrid, lo que prometieron hacer, porque la estancia en Andalucía sería corta, de unos ocho meses.

Llegaron a Sevilla en Semana Santa, pero pasaron allí solamente dos días, tenían que seguir para Huelva y de allí a La Rábida a la casa destinada a su padre. Don Raimundo Camprubí estaba preocupado, temiendo que su mujer y su hija no se acostumbrarían a un sitio tan aislado; pero cuando Zenobia se enteró qué clase de casa era, en el campo y casi en despoblado, empezó a hacer planes para amueblarla al estilo rústico. Fueron de compras en Huelva y en las tiendas las tomaron por artistas extranjeras originales.

Sin darse cuenta, Zenobia había dejado su tristeza en el mar, le gustaba la tierra de su padre por lo pintoresca y llena de bellezas naturales y por la dignidad de la gente del campo. Le disgustaba sobremanera la baja burguesía de las ciudades, pensaba que con ellos no se podía hacer gran cosa y que mejor era asombrarlos, que la siguieran tomando por turista, le parecían todos indolentes; pero al ver con qué delicadeza y cariño trataban a los hijos se llenó de cariño por todos los españoles.

Pasaron un par de días en un hotel de Huelva y, por fin, un domingo, se marcharon para La Rábida y al conocer el lugar, se alegró de tener dos ríos, un océano, un monasterio y un monumento a Colón para ellos solos, pues no había en ese sitio otra habitación que la de los guardas y los capataces de obra y de jardín, el gobierno tenía allí viveros y jardines de rosas, geranios y heliotropos. Habiendo adquirido un concepto romántico de la historia le agradaba vivir en uno de los sitios más íntimamente relacionados con la epopeya de América, en las cercanías del Puerto de Palos, de donde salieron las tres carabelas de Colón. Palos estaba a nueve millas del Atlántico, cerca de la confluencia de los dos ríos, el Tinto y el Odiel. Por aquellos lugares confluían también todas las corrientes históricas, los hilos de la leyenda y la realidad, lo pagano y lo cristiano, la trama de la maravillosa tela que era la historia de España y América se juntaban en La Rábida, que tenía su leyenda y su historia.

Se decía que en ese promontorio hubo un templo dedicado por un Gobernador de Palos a la diosa Proserpina, nombre de una doncella, hija del Emperador Ulpio Trajano, que poco después de haberse iniciado el culto a Proserpina la comarca se vio asediada por muchas calamidades por lo que se le cambió el nombre a Diosa de la Rabia, de allí La Rábida. [14] Otros decían que el nombre procedía de Rábita, voz musulmana, que quiere decir ermita, y que se le llamó Santa María de la Rábida en honor a una estatua donada por el Obispo de Jerusalén, librada por San Lucas Evangelista, que habría de ser venerada en Palos. Zenobia sabía que en La Rábida se hallaba el célebre convento franciscano al que llegó Colón con su hijo Diego en el año 1486 a pedir albergue y ayuda de Fray Juan Pérez, confesor de la Reina Isabel la Católica, y que Martín Alonso Pinzón, Capitán de «La Pinta», nació en Palos en 1440 y murió en La Rábida en 1493. Su hermano, Vicente Yáñez Pinzón, que capitaneó «La Niña», tenía descendientes en Moguer, a seis kilómetros de allí. Moguer era también una antigua población, que correspondía a la designada en Tolomeo con el nombre de *Urium*. Como estaba situada en un monte, se le antepuso el nombre de *Urium* y el latino *Mons* y Mons Urium, con el tiempo, se volvió Mons-Gúrium y hasta otras cosas, hasta llegar a Moguer. Pero hay quien dice que así se llamaba el caudillo de los

---

[14] Ver: Rodrigo Amador de los Ríos: «Huelva», en *España. Sus monumentos y artes. Su naturaleza e historia.* Barcelona, 1891, págs. 275-350, para los datos que aquí se dan concerniente a la antigua historia de La Rábida y Moguer

moros que la conquistaron. Fue rescatada por Alfonso el Sabio y volvió a ser un lugar de luchas durante la Guerra de Sucesión y la de la Independencia.

Cuando Zenobia llegó a La Rábida, Moguer era más importante que la Villa de Palos, que aniquilada como pueblo marítimo y subsistiendo con una escasa producción agrícola, ofrecía un espectáculo desconsolador. El río Tinto, por cuyo puerto fluvial se hacía el tráfico exterior y que antes llegaba a la puerta de la iglesia de San Jorge, estaba tan menguado que era necesario hacer un esfuerzo para imaginarse que de allí salieron las tres carabelas de Colón, porque el puerto, en realidad, ya no existía. Moguer, en cambio, era precioso, sobre un monte a la izquierda del río Tinto, regado por éste y su afluente el Odiel. Tenía una mezcla de herencias arquitectónicas, la Casa Consistorial era de arquitectura dórica, la iglesia parroquial de orden corintio, con una torre que reproducía a la Giralda de Sevilla y que se alzaba sobre las calles rectas y empedradas. El convento de monjas de Santa Clara, de ladrillo al exterior, era riquísimo por dentro, «una maravilla de arte ojival», parecía obra de la primera mitad del siglo XIV y contenía las sepulturas de los Henríquez y Puertocarrero, señores de Moguer. Se decía que en esa iglesia rezó Colón antes de embarcarse en Palos.

La Rábida era una colina pequeña, con tan escasos habitantes que Zenobia en seguida conoció a la gente del lugar: los Molina y los Molina García, los Bocanegra, los García, los Borrego. Ellos le regalaron dos perros, que llamó, apropiadamente, Colón y América. Los niños de esas familias, eran muy graciosos y muy faltos de instrucción, porque allí no había escuela. Zenobia se olvidó del cultivo de las toronjas y decidió cultivarles las mentes, les pondría escuela en su propia casa. En seguida le pidió

al niño mayor de los Bocanegra, Luis, que tendría catorce años y era hijo del guarda del Monasterio, que hiciera
unos bancos y unas mesas, y puso un aula detrás de la
casa, en la casita de las herramientas. [15] Las clases empe-
zaban a las nueve de la mañana y duraban dos horas por
la mañana y dos por la tarde y les enseñaba a los chicos,
sobre todo, a leer y escribir.

Enseñaba a su manera, tenían que aprender con alegría. Se le ocurrían muchas cosas para ejercitarles la iniciativa y despertarles el interés. [16] Colgaba de las ramas
que daban al camino de Palos, frutas y golosinas, que los
chicos tenían que encontrar cuando los llevaba por allí
corriendo. Al llegar las Navidades, la celebraron como en
los Estados Unidos, con un árbol de Navidad y muchos
regalos al pie y los chicos cantaron aguinaldos españoles
al pie del árbol de Navidad americano. La señorita era «la
mar de buena» y muy bonita y todo el mundo la quería
mucho y a su mamá también; pero el papá era muy serio.
Los niños le correspondían con gestos que la emociona-
ban, como el de Manuelita Molina, que para alegrarla un
día que la vio triste le fue a buscar una matita de albaha-
ca bajo una tormenta y volvió hecha una sopa; o Manuel
García, que le cantaba coplas cuando pasaba por su casa,

---

[15] En los archivos en poder de Francisco Hernández-Pinzón
cuando fueron consultados por esta autora, Zenobia da los nom-
bres de sus alumnos como sigue: «Antonio Rebollo y Rebollo,
Manuel García, Salvador Bocanegra, Teresita Bocanegra, Antonio
Bocanegra, Luis Bocanegra, Antoñito García, Paca García, Luis
Hernández, Lobillo, Juan, Manuela, Ana Molina, Dolores, Maito,
Fernando Molina, Carmela Borrego, Sebastián Borrego, Carmen
Josefa».
[16] La información que sigue sobre la escuela de Zenobia en La
Rábida fue proporcionada a esta autora por los antiguos alumnos
Teresa y Antonio Bocanegra, a quienes conoció durante una visita
al lugar en el verano de 1958.

con tal de que ella no se asomara, porque era muy vergonzoso y entonces se callaba. Y Catalina Lagares, una mujer casada, toda pueblo andaluz, la acompañaba en sus caminatas y le enseñaba los rincones preferidos y le contaba y le cantaba cosas andaluzas: coplas, aguinaldos, sevillanas, güajiras, hasta que la misma Zenobia escribió algunas. Entre las aprendidas y las inventadas se acordaba de éstas: [17]

> Dicen que me estoy muriendo,
> muriendo de pasar penas
> y es tan sólo que mi alma
> va soltando sus cadenas.

> Virgen de Covadonga,
> del dulce mirar sereno,
> me bendices con tu paz.
> ¡Santíficame en silencio!

> Virgen de las batallas,
> Virgen guerrera,
> dame una vida firme
> y un alma entera.

> Suave aroma de flores lejanas
> son voces de niños
> que me llegan confusas, flotando
> a través de los pinos.

---

[17] Estas coplas aparecen en una libreta de recuerdos, y llevan el título: «Coplas mías». Tienen algunas correcciones, hechas quizás por Juan Ramón y algunas palabras están tachadas por Zenobia, que ha puesto otras en su lugar. Se da la versión corregida. La novena copla, que empieza: «Dulces voces alegres de niños...», dice en el verso tercero: «quién pudiera quedarse dormido» y el *dormido* está tachado y la palabra *escuchándoos* aparece en su lugar, en letra que podría ser de J. R. La otra corrección está en la penúltima estrofa que empieza: «Y allá en la meta soñada...», el segundo y tercer versos decían: «que el esfuerzo ha señalado / en una fecha fijada». La corrección es de Zenobia.

Dios de las florecitas
y Dios de las alturas
que mano tan tierna y fuerte
será la tuya.

¡Ay estrellitas de cielo
que de tan lejos miráis,
si sabéis cuánto os quiero,
por qué no nos acercáis!

¡Ay razones que se dan
y son mentiras;
las razones que se callan
son las grandes de la vida!

Llanto del alma llaman
al llanto del corazón;
el alma no tiene llanto
porque lo seca el dolor.

Dulces voces alegres de niños
que oímos desde lejos,
quién pudiera quedarse escuchándoos
en sueños.

Señor Jesús Nazareno
en mis sueños yo te veo
como te vieran entonces
los hijos del pueblo hebreo.

Vienes tendiendo tus manos,
tus manos de carpintero,
y va descendiendo la paz
sobre el campo galileo.

Compañero lejano,
amigo desconocido,
que con báculo en la mano
sigues por tu camino.

Yo no sé dónde estás tú
ni sabes tú dónde estoy,
pero sé dónde vas tú
y sabes tú dónde voy.

Y allá en la meta soñada
que el esfuerzo había fijado
en la fecha señalada
vamos a darnos la mano.

Peregrino solitario,
desde aquí yo te bendigo,
porque había desfallecido
y anoche soñé contigo.

Los domingos oía ella muchas coplas de la gente congregada en las ruinas del convento de La Rábida, a poca distancia de la casa. En ausencia del convento se podía apreciar lo que habría sido el patio interior, es decir, una galería de arcadas con tres lados al aire libre y uno cubierto. La gente del pueblo se reunía allí los domingos y días festivos, a gozar la vista del mar y de los pueblos cercanos que se dominaban desde la colina. Pasaban el día cantando, bailando y comiendo y de la casa de los Camprubí se les oía. El resto de tiempo, los dos ríos, el océano, las ruinas del monasterio y el monumento a Colón en el medio de la colina seguían siendo para ellos solamente. Los únicos que pasaban por allí eran los guardas rurales, los leñadores, los pastores y unos pocos trabajadores, montados en sus burros por la carretera al frente de la casa que conducía a Palos. El día que llegó un extraño, causó sensación.

El pintor valenciano, Joaquín Sorolla, llegó a La Rábida con Juan Ramón Jiménez, un vecino de Moguer, poeta. Se enteraron de la visita porque el guarda del convento fue a pedirles prestado, en su nombre, unos prismáticos. Sorolla había ido a Huelva a conocer el Puerto de Palos para hacer un cuadro de Colón saliendo del Puerto que le encargó Archer Huntington, el fundador y presidente de de la Sociedad Hispánica de Nueva York. Tratándose de que era valenciano y de que los Camprubí Aymar vivieron en Valencia, doña Isabel Aymar de Camprubí los invitó a tomar el té; pero a Sorolla se le hizo tarde y como habían venido en uno de esos coches públicos, tirado por lentas mulas de cascabeles, transportación que sólo Moguer poseía, entre los pueblos cercanos, no era cosa de que los cogiera la noche en el camino. Se hospedaba en Moguer, en casa de la familia de Juan Ramón Jiménez porque en esos alrededores no había posada.

A Zenobia le pareció que valía la pena hacer notar la visita de Sorolla, que había exhibido sus pinturas en los Estados Unidos un par de años y escribió un artículo para su querida revista *St. Nicholas*, aprovechando para contar sus impresiones de esos alrededores, tan relacionados a América. Esta vez le publicaron el artículo con el título «A Letter From Palos», en el número de octubre de 1910 de la revista (págs. 1111-1112) y lo ilustró con un grabado de la tumba de Colón en la catedral de Sevilla. Le pagaron ocho dólares por la colaboración y no se atrevió a firmar su nombre, sino que puso que era «Una ex competidora de la Liga». El artículo, en inglés, le quedó muy bien, con algo de poesía en la descripción de las noches: «Cuando llega la noche, el silencio es tan intenso que mira una a través de los barrotes de la ventana y se imagina que oye casi los rayos de la luna rozando las agujas de los pinos y deslizándose por las ramas de los árboles».[18]

Después de la visita de Sorolla a La Rábida, Eustaquio Jiménez, hermano del poeta en cuya casa se hospedó el pintor fue a visitar a la familia Camprubí Aymar. Eustaquio invitó a su hermano, pero éste no quiso ir. A Eustaquio Jiménez le interesaba restaurar los lugares colombinos y Zenobia, que tenía un sentido cívico de ciudadana

---

[18] Traducción del inglés de esta autora.

compartió del deseo de él y de algunos residentes de Palos, de levantar un pabellón en la carretera entre Palos y La Rábida para establecer una Exposición Pan Americana permanente, como monumento del Nuevo Mundo al Viejo. A Zenobia continuó interesándole la región donde vivía por otras razones. De la ventana de su cuarto se veían las aguas rojizas del río Tinto, contaminadas por las minas de cobre. La extracción del cobre era una de las grandes industrias del lugar y poco después de llegar a La Rábida, la familia Camprubí Aymar fue de excursión a visitar las minas del río Tinto. José García López, doctor de la compañía y hombre muy ocurrente les sirvió de acompañante y guía, había sido guía durante una visita de la familia real a las minas y tenía mucho que contar. Por él, Zenobia se dio cuenta, por primera vez, de la extraordinaria cortesía del hombre español. El viaje fue una experiencia agradable. De Huelva fueron a San Juan del Puerto, población que le llamó la atención por la falta de chimeneas, la gente creía que el humo conservaba las casas por dentro. Siguieron hasta Niebla, donde vieron las antiguas fortificaciones y costearon la orilla izquierda del Tinto, admirando a su paso las poblaciones de las colinas. Al llegar a la mina de San Dionisio, el primer centro de actividad de las minas del río Tinto, bajaron cien pies hasta el nivel veintisiete y a Zenobia le parecieron las entrañas de la mina como los túneles que los romanos abrían dentro de las montañas. En las minas se había establecido un pequeño museo para depósito de los restos de las civilizaciones primitivas que iban apareciendo en las excavaciones, allí había ídolos fenicios y monedas, vasijas y muchos otros objetos de la época romana. Zenobia celebró la buena organización de la empresa inglesa que dirigía las minas, admiraba a los ingleses por haber sabido siempre ser amos y reflexionó en sus empresas como conquistadores y colonizadores. Interesada en los aspectos prácticos de la vida le importaba saber cómo funcionaban las minas, y se enteró que de Huelva se mandaban a Plymouth, a diario, de seis mil ochenta a seis mil ochocientas toneladas del mineral para las fundiciones de Gales. El mineral contenía de un tres a un cuatro por ciento de cobre y había que procesarlo de cuatro maneras distintas antes de ponerlo en el mercado.

Ese único verano que pasó en La Rábida fue espléndido, anduvieron de excursión ella y su prima por toda Andalucía, en Córdoba le pareció un horror que hubieran construido dentro de la Mezquita una iglesia renacentista y le repugnaba el exceso de mobiliario y adornos de las numerosas capillas, en las que tantas familias asistían a misa porque tenían allí enterrados a sus seres queridos. Bien podían pasar allí el resto de su vida, pensaba, lo único que les faltaba era la estufa para cocinar. Ella seguía prefiriendo la religión con menos ornato en lo exterior y más sinceridad en lo interior. Regresó a Sevilla, casi contenta de haber salido de Córdoba, aunque no dejaba de admirar lo que de allí era admirable.

Cuando los Camprubí Aymar se marcharon de La Rábida, cumpliendo el plazo de estancia del ingeniero don Raimundo Camprubí, la gente del lugar lo sintió mucho, porque «las extranjeras» fueron muy buenas con todos ellos. El paso de Zenobia Camprubí y su madre fue una irrupción útil e inolvidable en sus vidas.

MADRID

La familia Camprubí Aymar se estableció en Madrid en el tercer piso del número 18 del Paseo de la Castellana, edificio que hacía esquina a la calle Lista y era grande, alto, claro, con balcones a la Castellana y un jardín al frente en el que cantaba un ruiseñor. La vivienda era agradable y la vida desagradable, porque Zenobia encontró coartada su libertad, ya no podía ir y venir y hacer y deshacer como en los Estados Unidos o en la misma Andalucía en el reducido ambiente de La Rábida donde pasaba por extranjera. En Madrid era necesario observar las costumbres y salir acompañada, lo cual le era intolerable, después de cinco años de responsabilidades y de saber comportarse andando y viajando sola por los Estados Unidos o acompañada de personas de su edad o del sexo opuesto. En su opinión, sólo los locos merecían un constante guardián y le escribía a una amiga que en España las mujeres no tenían representación legal para cuidar de sus intereses a menos que no fueran solteronas o viudas y que tampoco tenían representación social hasta que se casaban y pensaba, no desprovista de humor, que a la mujer no le quedaba otro camino que casarse y después echarle veneno en la sopa al novio; pero hasta eso había que hacerlo con cuidado porque si tenía que ir a la cárcel se le acababan todas las representaciones. Notaba que cualquier mujer que, por vía honesta, trataba de independizarse era objeto de las burlas de los hombres que en seguida la consideraban masculina y aunque ella no era ni sufragista ni anticatólica, le parecía que el clero había fomentado la ignorancia del pueblo.

La diferencia entre el clero católico español y el de los Estados Unidos era enorme. En los Estados Unidos, país protestante y anglicano, el clero católico era ejemplar y el catolicismo, siempre a la defensiva, influía apenas en la mentalidad y las costumbres del pueblo. Era el refugio de las clases pobres, inmigrantes irlandeses e italianos que servían a las clases anglicanas o sajonas. Y la separación de la Iglesia y el Estado, garantizada por la Constitución, impedía cualquier interferencia de la una en los asuntos del otro. Por otra parte, el movimiento feminista se inició, como quien dice, a raíz de la Independencia, y en los primeros años del siglo xx, fecha de la residencia de Zenobia en ese país, existía la igualdad de los sexos en la enseñanza, en las profesiones, en el comercio y en la industria. La mujer tenía plenos derechos legales, aunque no gozaba todavía del sufragio y a la mujer le estaban abiertas todas las profesiones. Las escuelas públicas eran coeducacionales y la educación y trato en conjunto había desexualizado las relaciones de la gente joven de ambos sexos. Desde fines del siglo xix en los Estados Unidos existían clubs y asociaciones femeninas importantes, influyentes y ricas; en España, por el contrario, el feminismo apenas empezaba a iniciarse con timidez por una «Asociación para la enseñanza de la mujer», formada por hombres y unas pocas escritoras, como Concepción Arenal y Emilia Pardo Bazán, habían escrito tratados sobre la mujer.

Ni Zenobia ni su madre tuvieron jamás necesidad de pensar en el feminismo, por lo que la mujer contaba naturalmente en la sociedad americana. Ese primer invierno de Zenobia en Madrid fue un sufrimiento, la misma doña Isabel prefería la vida de Barcelona a la de Madrid, tan ceremoniosa, y a Zenobia le gustaban más los andaluces que los castellanos; los andaluces eran más sencillos y se parecían más a los americanos. Observaba las costumbres de España como una extranjera, ese invierno asistió a un baile en Palacio y ella, que estaba tan acostumbrada a asistir a los mejores bailes de sociedad en América, se quedó hipnotizada ante el lujoso espectáculo de los uniformes y de las soberbias joyas de las damas. Escribió otro artículo para su *St. Nicholas*, titulado, «The King of Spain Opens 'Las Cortes'», que no apareció en la revista; pero en otra parte le aceptaron un trabajo sobre Sorolla, describiendo a Valencia, la luz y el color tan bien captados por el lienzo del famoso pintor, y hablando de las costumbres del pueblo. El artículo era verdaderamente literario. Para darle más autoridad a sus palabras, ella decía que, como Sorolla, había nacido en Valencia y se había hecho mujer bajo su cielo soleado. De ver con qué entusiasmo hablaba del Carnaval, de las procesiones de Semana Santa, de las corridas de toros, se hubiera creído que había participado y disfrutado de todas estas cosas cuando, en realidad, para ella no habían significado nada porque la sombra familiar tiñó de oscuro su estancia y sus recuerdos. El artículo, bellamente impreso, salió con su nombre en letras grandes al lado del título: «Valencia, The City of the Dust, Where Sorolla Lives and Works: by Zenobia Camprubí Aymar», en la revista mensual de Nueva York, *The Craftsman*, que se ocupaba de artesanía de los Estados Unidos y del extranjero y de obras artísticas y literarias relacionadas con las artes populares. Se publicó en el número 2 de mayo de 1910 (vol. XVIII, páginas 206-218).

La más grande alegría de Zenobia en esa época era viajar con su madre por ciudades antiguas de España. Entre 1910 y 1911 fueron a Suiza, de regreso pararon en Barcelona a visitar a los familiares Camprubí y a las antiguas amistades. Zenobia fue a Malgrat, en busca de la casa de su niñez, y le pareció triste y oscura.

Don Raimundo, como de costumbre, se quedó en casa, la convivencia con él le era difícil a Zenobia, que confesó no haber sentido por su padre gran cariño. Para esa época murió Bobita, la ex esclava, nombrando a Zenobia heredera de todos sus bienes; pero Zenobia localizó a los familiares de sangre y pasó a ellos los bienes materiales de Bobita, guardando una jarrita de recuerdo. Doña Isabel y Zenobia habían ido a España creyendo que don Raimundo se trasladaría con ellas a los Estados Unidos, una vez jubilado, para hacer vida de familia, puesto que allí vivían los hijos varones. Zenobia hasta decía que su padre se lo había prometido y no quería conocer a nadie por temor a casarse y no poder volver a América. Pero su padre se negó, y en 1912, a cuenta de que a doña Isabel le había nacido la primera nieta, hija de José, madre e hija embarcaron para los Estados Unidos, de visita. Después de ver a sus familiares, se hospedaron en un hotel residencial de Nueva York, doña Isabel estaba tratando de vender una propiedad que allí tenía en el 687 de la Sexta Avenida. Pedía ochenta y cinco mil dólares, considerable fortuna en esa época, pero no encontró comprador.

Mientras tanto, Zenobia se iba fijando en otras cosas. En sus recorridos por Andalucía y por los pueblos viejos de España, se había familiarizado con las obras de artesanía, las artes populares ya no existían en los Estados Unidos y se iba perdiendo la mano de obra. Lo que llegaba del exterior se pagaba a precios altísimos. Una tarde, de compras en una de las grandes tiendas de antigüedades de la Quinta Avenida de Nueva York, vio unas vasijas españolas de barro, de calidad muy inferior, vendiéndose a cuatro veces el precio original, hablando del asunto con sus amistades se dio cuenta que en los Estados Unidos había un mercado para las obras de artesanía españolas y que era necesario que se importaran objetos de primera calidad. Pensó que ella podía hacer algo en ese particular. En sus recorridos por el Este de los Estados Unidos donde residían sus familiares y viejas amistades investigó las posibilidades y se enteró de lo que se podía vender y dónde se podía vender y con gran sentido mercantil rehusó las ofertas de ayuda poco ventajosas, no era cosa de invertir ella su capital y correr todos los riesgos para después dividirse las ganancias en partes iguales, como pretendía una de las personas interesadas en el negocio. O invertían al por igual, corriendo los riesgos por igual o invertía ella sola, y pagaba a los vendedores un veinte por ciento de comisión, corriendo ella los riesgos. Anticipaba la posibilidad de exportar de España objetos de barro, damasco, tejidos, cerámica, adornos de hierro. Hasta de Portugal se podía mandar cosas, como las vasijas de barro *caldas da reihna*, con sus bellos colores de verde a gris. Desde los Estados Unidos todo le parecía de fácil ejecución, bastaba con la voluntad de hacerlo, y concebido sus planes le pareció menos pesado el regreso. El viaje le había devuelto la confianza en sí, la popularidad de que disfrutara antes en la tierra de su abuelo no había desmerecido, durante su estancia se multiplicaron sus idas y venidas, volvió a ser objeto de toda clase de atenciones de las amistades viejas y de las nuevas. A punto de embarcar para España a fines de febrero de 1912, tres galanes del «Yale Club» le enviaron flores deseándole un buen viaje al mismo tiempo que se excusaban creyendo cometer una falta de urbanidad enviándole flores a la hija en vez de a la madre.

OTRA VEZ MADRID

Volvieron al piso de la Castellana, donde se había quedado su padre. Zenobia comprendió que su madre había decidido pasar los últimos años de su vida con él y que el apoyo de ella, su única hija, le era imprescindible. Se sacrificó y decidió adaptarse, a su modo, a la nueva vida y emprender el negocio planeado en los Estados Unidos. Hizo un viaje a Portugal inmediatamente, a comprar las vasijas *caldas da reihna*, compró en Andalucía objetos de artesanía sevillana y se dio a la búsqueda de antigüedades. En seguida hizo envíos de estas cosas a Nueva York y a Filadelfia. Al mismo tiempo, su piso de la Castellana se iba convirtiendo en un centro de reunión de extranjeros e intelectuales que llegaban con cartas de presentación de sus familiares y sus amistades de los Estados Unidos. Ella, no siendo extranjera, aunque la tomaban por tal, se estaba familiarizando con la vida de su país y observaba las costumbres y las describía para las publicaciones de los Estados Unidos, animada por la buena acogida que tuvieron sus artículos sobre Sorolla. En 1911 se debatió en las Cortes de Madrid el proceso Ferrer, que tuvo repercusiones mundiales, y la reactualización del caso la llevó a escribir un artículo sobre «The Catalans and Ferrer»; pero no fue aceptado porque la prensa americana ya se había ocupado mucho del asunto.

Francisco Ferrer se había significado como anarquista y como educador, fundó la Escuela Moderna de Barcelona, que encarnaba un concepto avanzado de la enseñanza y que fue imitada en otros países de Europa. La Escuela era anarquista y proselitante. En 1906, Ferrer fue implicado en un atentado contra los Reyes de España, porque el autor del atentado era uno de los profesores de la Escuela Moderna. Absuelto, volvió a ser implicado en los sucesos violentos de la llamada «Semana Trágica» de Barcelona y en el apasionamiento del momento fue juzgado, condenado y ejecutado en 1909, en un lapso de cuatro días. Al debatirse el proceso en 1911, volvieron a alterarse los ánimos de tal modo que causó la caída del gobierno conservador del gran orador y hombre público Antonio Maura Montaner, bajo el cual Ferrer había sido fusilado.

Otro artículo de Zenobia, de tema menos intrigante, fue publicado en la famosa revista femenina de modas y costumbres *Vogue*, de Nueva York, en el número del 1.º de julio de 1912. Ella había escrito sobre «The American College», de Madrid, sobre la feria de Sevilla y sobre doña Blanca de Navarra. Le publicaron la descripción de la Feria en una página prominente de la revista, pero sin su firma, le pusieron el título: «Spain's Welcome to the Spring» y lo ilustraron con tres pequeñas fotos, una del Palco Real, otra de un desfile de jinetes por «Las Delicias» y otra de un palco de señoritas con chales y mantillas.

Para mejor realizar su labor de agente cultural, Zenobia se iba poniendo al corriente de la historia y las artes españolas y se matriculó además en el ciclo de conferencias de la Sociedad de Conferenciantes, que se reunía en la Residencia de Estudiantes de la calle de Fortuny, fundada en 1911 por la Junta para Ampliación de Estudios e Investigaciones Científicas. Consistía la Residencia de un complejo de viviendas para estudiantes de los quince a los veintiún años y representaba un concepto de la educación muy adelantado, como el que ella admiraba en los Estados Unidos. La Residencia ofrecía innumerables comodidades para el estudio, el recreo y la vida diaria de los estudiantes, que vivían en contacto directo con educadores y conferenciantes. Ya se había iniciado allí los Cursos de Verano para Extranjeros, de manera que las personas de fuera dedicadas a la enseñanza del español o que deseaban familiarizarse con la lengua y literatura españolas tu-

vieran la oportunidad de oír conferencias y hacer trabajos prácticos sobre los monumentos más interesantes. Durante estos cursos alojaban a los jóvenes en la Residencia
y a las jóvenes en el Instituto Internacional de Señoritas,
que le quedaba al lado. La Directora era Susan Huntington, licenciada por la Universidad de Columbia, de Nueva
York, que había sido profesora de pedagogía y decana de
mujeres de la Universidad de Puerto Rico y había participado en programas del Instituto Internacional de San Sebastián y del de Biarritz. En 1913 Ramón Menéndez Pidal
era Director del curso de vacaciones de Madrid. El programa de ese verano, consistía de conferencias sobre el Cid,
por Federico de Onís; sobre Juan Ruiz, por Américo Castro; sobre Cervantes, por Menéndez Pidal; sobre el teatro
del siglo XVII, por Benavente y sobre la geografía de España y su relación con la literatura, por Manuel Bartolomé
Cossío. Después, Enrique Díez Canedo iba a dar cinco conferencias sobre arte y métrica española; Menéndez Pidal,
Vicente García de Diego, Onís y Castro hablarían de gramática, y Cossío y Rafael Altamira de historia. El programa ofrecía tanto que hasta doña Isabel se hubiera abona-
do si sus circunstancias económicas no se lo impidieran
por el momento.

Entre los extranjeros que se afiliaron a la Sociedad de
Conferenciantes había un matrimonio norteamericano de
nombre Byne, Arthur Byne y su mujer Mildred Stapley.
Byne era arquitecto, autor y pintor y estudiaba en España
obras de hierro y rejería encomendado por la Hispanic
Society of America, que publicaba una serie sobre el arte,
la historia y la literatura españolas. La mujer de Byne,
ocho años mayor que él, colaboraba en esa actividad.
Como era periodista, escribía también artículos sobre la
vida española para los periódicos de los Estados Unidos.

Zenobia y los Byne se conocieron y simpatizaron, puesto que tenían en común la lengua y andaban en las mismas cosas, siguiéndole la pista a las antigüedades y observando la vida española para escribir sobre ella. Los Byne se hospedaban en la pensión de las Srtas. Arizpe, en la calle Villanueva, 5, de Madrid, a donde Zenobia iba a visitarles. Las reuniones de los Byne eran divertidas, tocaban el piano, cantaban, se reían, el ruido le molestaba a veces a uno de los huéspedes, que les tocaba en el piso con un bastón. Se llamaba Juan R. Jiménez, había llegado de Andalucía a comienzos de ese año de 1913 y en opinión de las señoritas Arizpe era «un personaje educado, correcto, extraño e incomprensivo». [19]

Entre la algazara de los Byne, al huésped andaluz, que era poeta, le llamaba la atención una clara voz de mujer y «una risa tan rubia / y tan clara como el ala / de un chamariz, cuando / pasa, volando por el sol». [20] La dueña de la voz y de la risa era Zenobia. Tratando de averiguar quién era, el poeta empezó a observar las idas y venidas de las amigas de los Byne y notó a la muchacha fina, rubia, distinta, que se movía con soltura y caminaba airosamente, ligera, con seguridad de movimiento. Lo hacía todo con gracioso y recatado desenfado desprovisto de sensualidad, pero desbordante de feminidad. Hombre de naturaleza apasionada, se sintió inmediatamente atraído hacia

---

[19] Ver: Joseph María de Segarra, *Cola de gallo*, Barcelona, Ediciones Destino, 1958, pág. 16. Juan Ramón le dijo a esta autora que Segarra se hospedó en la pensión de Arizpe por su recomendación.

[20] Así describió Juan Ramón la risa de Zenobia en uno de sus apuntes inéditos para un libro, o parte de un libro que habría de titularse «Zenoidita Valdeurí» (por Zenobita Camprubí). Estos apuntes están hoy en el «Legajo Juan Ramón Jiménez», del Archivo Histórico de Madrid.

ella y tuvo que averiguar quién era, por lo que fue a preguntarle a los Byne y logró enterarse que estaba recién venida de los Estados Unidos, que la llamaban «La Americanita», que su nombre era Zenobia Camprubí, que antes de trasladarse a Madrid vivió en La Rábida porque su padre era el Ingeniero de Caminos de esa región y que asistía a las conferencias de la Residencia de Estudiantes. El había planeado ir a la conferencia de Bartolomé Cossío, uno de sus mentores durante los primeros años del 1900, cuando asistía a las actividades de la Institución Libre de Enseñanza. Cossío iba a hablar de los lugares de Colón y Juan R. Jiménez pensó que aprovecharía entonces para conocer a «La Americanita» y le pidió a los Byne que se la presentaran en esa ocasión. Zenobia y Juan Ramón coincidieron en la Residencia, como era de esperarse, fueron presentados por los Byne y por tratarse de un tema de interés para ambos, él la retuvo en conversación todo el tiempo. Creyendo que con eso le bastaba para que ella se diera cuenta de su interés, se le declaró, diciéndole: «Ya ve usted lo que me ha pasado a mí ahora, usted decidirá». La amistad quedó establecida y como los Byne pasaban a recoger a Zenobia para ir a las conferencias, Juan Ramón se agregó a ellos y no faltó a ninguna. Cuando Díez Canedo habló sobre «Arte y métrica española» él aprovechó la oportunidad para hablarle de amor valiéndose de coplas populares y como ella había aprendido algunas en La Rábida con Catalina Lagares, continuó el juego contestándoles las suyas.

Zenobia hacía amistades con facilidad y estaba acostumbrada al galanteo de los jóvenes de su edad, que mantenía en plan de sano juego sin que necesariamente llevara a un noviazgo. Mantener la amistad de un joven no implicaba un noviazgo en el medio en que ella había vivido;

pero se enteró en seguida por los Byne que Juan Ramón la
pretendía, aunque se necesitaba estar ciega y sorda para
no darse cuenta de cómo la procuraba. Cultivar la amistad de esta mujer, que ya le estaba quitando el sueño, era
para el poeta asunto de vida y muerte; pero para Zenobia
él era una amistad más y no quiso darse por entendida.

En seguida que pudo, el poeta le regaló sus libros mejores, desde *Arias tristes*, de 1903, hasta *Melancolía*, de
1912. Luego que la volvió a ver le preguntó qué le parecían, y ella, que era sana de espíritu y tenía gracia, le dijo
con franqueza, «si yo pudiera, le mandaba una colección
de ratones para comerse su biblioteca», porque todo lo
que él escribía era triste, incluso los títulos de los libros:
Elegías, Baladas, Pastorales, Poemas mágicos y dolientes.
El nuevo amigo le parecía triste y trágico con su sombrío
y romántico porte. Un escritor que lo conoció para esa
fecha dijo que tenía el aire de un voluptuoso, pero no de
la casta corriente y lo comparó con un persa de los días
de Omar Khayan, o con un árabe o un indostánico de
calidad; no le parecía ser una figura de aquel tiempo ni
pertenecer al clima natural de Madrid. [21] Tenía en los
ojos la brillantez del azabache, la nariz de persona es-
candalosamente sensual y sensible, y la boca, según el re-
tratista, más bien inhumana, una boca de pez extraño y
solitario que tenía como una veta de goma o de misteriosa
viscosidad en la cual se enganchaban las palabras y se en-
tretenían antes de abandonar los labios para asumir una
gravedad profunda. Llevaba barba y bigotes negros que
hacían resaltar los prominentes pómulos de la cara. Era
esbelto y vestía con severidad, de negro, austero y co-

---

[21]　Esta descripción y la que sigue se encuentra en Joseph
María Segarra, *Memòries*, Barcelona, Imprenta Moderna, 1954, página 702. Juan Ramón le indicó esta fuente a esta autora.

rrecto, sin complicaciones en el vestir. Tenía y tuvo siempre un porte estupendo.

A Zenobia no le disgustaba el pretendiente, se daba cuenta de que era un hombre fino y culto, un aristócrata por elección y extremadamente cariñoso. Cuando no estaba triste, tenía gracia. Como él siempre le hablaba de amor y de su deseo de casarse con ella, le advertía: «Si usted no me hablara tanto del matrimonio, podría expansionarme con usted». Ella estaba acostumbrada a otra clase de galanteos, menos apasionados y constantes. Los jóvenes norteamericanos no eran románticos, ni sentimentales, ni tan dedicados, con la camaradería que existía entre la gente joven apenas se sabía quién estaba enamorado de quién. Ella había tenido varios pretendientes, aparte del joven Shattuck, el más asiduo y el preferido de su madre. Sin ser novia formal de ninguno, había correspondido con recato a las galanterías de algunos y con el buen humor con que se tomaban estas cosas, el que más, le había enviado uno de esos «valentinos», con un versito entre burlas y veras, echándole en cara sus devaneos:

> You are juggling little maid
> with my heart, I am afraid.
> But if mine's the only one
> You are welcome to your fun. [22]

Al salir de los Estados Unidos en 1909, consideró estos devaneos como páginas cerradas de un libro que no había de volver a abrir.

De su vida sentimental nadie tenía noticias, desde pequeña aprendió, por necesidad, a ser en extremo reserva-

_____

[22] Traducción de esta autora: «Me temo que juegas / damita, con mi corazón. / Pero si es sólo con el mío, ¡que te diviertas!»

da en sus cosas, ni su madre sabía lo que pensaba de veras. Uno de los poemas que escribió de muchacha era una
autodescripción:

> Voy a prisa por el mundo
> Llena de risa y de amor,
> A todo el que me lo pide,
> Risas y besos le doy.
>
> Pero si alguien me pidiera,
> Mi alegre corazón,
> Ríe que ríe, riendo.
> Vuelvo la espalda y me voy.
>
> Y es que el corazón alegre
> En triste corazón troqué,
> Cuando con labios y ojos
> A sonreir comencé. [23]

La risa era su defensa y así se fue convirtiendo en una
persona luminosa, que en el cuadro más oscuro podía ver
un rayo de luz. Una gran curiosidad y comprensión moti-
vaban todas sus acciones, un envidiable optimismo la mantenía interesada en su labor. De todos los cuentos que le
habían hecho de su abuelo norteamericano, Augustus Aymar, recordaba, con preferencia, que en medio de una gran
crisis económica y un pánico de la Bolsa, se vistió de gala,
se puso su chistera y se fue a pasear por el Mercado de
Valores. Los que habían invertido en sus negocios, vién-
dole tan campechano quedaron convencidos de que su capital estaba intacto y nadie se deshizo de las inversiones,
con lo que, contrario a los demás, salvó su fortuna. Los
descendientes de esa rama Aymar del abuelo y de las amis-

---

[23] «Poemas de Zenobia Camprubí», en «Monumento de amor»,
por Ricardo Gullón, *La Torre. Revista General de la Universidad
de Puerto Rico*, año VII, núm. 27, julio-septiembre 1959, pág. 229.

tades en los Estados Unidos eran gente de industria y de
trabajo, que se habían hecho ricos por el sudor de su
frente y que al enriquecerse, habían enriquecido a los demás. Benjamín Aymar, el progenitor y hacedor de la gran
fortuna de los Aymar, empezó siendo un mero empleado
del sucesor de la firma Shedden, Patrick & Co., la casa
mercantil más grande de Nueva York a fines del siglo
XVIII [24]. A principios del siglo XIX, Benjamín Aymar, ne-
gociante enérgico y listo fue hecho socio de la firma y doce
años después se convirtió en dueño, repitiéndose el ciclo
que le permitió a él llegar a propietario, porque varios de
sus numerosos empleados pasaron a ser socios y después
establecieron sus propias firmas y otros tantos que habían
quebrado en sus empresas, empleados por los Aymar y
bajo su buena sombra rehicieron su capital. Algunos se
jubilaban ricos, otros eran enviados a las Indias Occidentales a hacerse cargo del negocio que los Aymar tenían allí.
Los maridos de las hijas eran incorporados a la empresa.
Uno de ellos, John D. Van Beuren, que andaba tratando
de ganarse la vida como abogado, convertido en mercader
resultó brillante e hizo fortuna. Zenobia heredó de su bisabuelo el loable impulso de ayudar a los demás.

Juan Ramón pretendió a Zenobia desde que la vio y
ella sin intención ninguna de casarse con él, aunque le cogió mucho cariño, trató de sacarlo de su ensimismamiento
y de su tristeza y de incorporarlo a la vida normal.

En 1914, la amistad entre ellos desarrolló un aspecto
útil. Para principios de ese año, cayó en manos de Zenobia
el libro de poemas de niños *The Crescent Moon*, por Tago-

---

[24] Ver la historia de la casa «Aymar & Co.» en Wallter Barret,
Clerk (pseudónimo de Joseph A. Scoville), Chapter IX, *The Old
Merchants of New York City*, Fourth Series, Carleton Publisher,
MDCCCLXVI, págs. 69-79.

re, ganador del Nobel en 1913. A Zenobia le gustaron los poemas y tradujo algunos al español para que Juan Ramón los leyera, éste la animó a continuar la traducción, no solamente porque era buena, sino por la excelente oportunidad que se le ofrecía de mantener la amistad con ella. Ese mismo año de 1914 Juan Ramón dio a la imprenta *Platero y yo*, escrito desde 1907. El parecido entre el libro de Tagore y el de Juan Ramón le llamó la atención a Zenobia, que tradujo toda *La luna llena* y animada por Juan Ramón se dedicó a traducir otras obras del inglés al español, entre ellas *Macbeth* y *El sueño de una noche de verano*, de Shakespeare. La colaboración los juntó. En el verano de 1915, Zenobia le dio el sí a Juan Ramón. En octubre de ese año, ella, escritora frustrada, vio salir su traducción de la obra de Tagore bajo el título *La luna nueva*. Juan Ramón se había ocupado de todo lo concerniente a la publicación y escribió una especie de prólogo en fragmentos de prosa poética, como el contenido y lo firmó con su nombre completo. Zenobia sólo se atrevió a poner sus iniciales «Z. C. A.», mientras tanto habían estado negociando los derechos de traducción de la obra de Tagore y ya llevaban adelantadas algunas. Ella hacía el trabajo, Juan Ramón sólo mejoraba la frase, sugiriendo cambios. La madre de Zenobia, no partidaria del poeta pretendiente de su hija, inventó viaje a los Estados Unidos, lo que convenía a Zenobia, porque allí se podía casar sin autorización de los padres.

AMERICA DEL ESTE Y EL REGRESO A ESPAÑA

El viaje a los Estados Unidos se realizó a principios de diciembre de 1915. Embarcaron en Cádiz, Juan Ramón estaba entre las amistades que fueron a despedirles al puerto. El 15 de diciembre Zenobia y su madre llegaron a Nueva York y se hospedaron en el Hotel Martha Wáshington, el primer hotel para mujeres solamente en los Estados Unidos, muy bien situado, cerca de las grandes tiendas de la Quinta Avenida y la calle 34. Cuando Zenobia le escribió a su futuro marido desde Nueva York, por primera vez expresó una queja de amante. En Cádiz, durante la despedida, Juan Ramón no se había portado con la devoción acostumbrada, a veces ella lo buscaba con los ojos y no se los encontraba porque en esa ocasión importante él estaba distraído con las amistades. Recordaba que alguien le había dicho que para lograr y mantener constante el amor e interés de Juan Ramón había que tenerlo en duda y aunque ella nunca se portó por corresponder a esta advertencia quería saber si Juan Ramón había perdido su interés porque había tiempo para deshacerlo todo; pero que si después de casado le faltaba, lo odiaría y no se lo perdonaría.[25] Pensando siempre en su descendencia, le preocupaba también el haberse mareado excesivamente en el viaje de ida, no quería que en la intimidad la viera él en tan deplorable estado y si Dios les daba un hijo, tampoco quería perderlo en el viaje. Juan Ramón le contestó que de desearlo ella, la respetaría y viviría como un hermano hasta después del viaje, que ella sabía que su voluntad era de hierro cuando él quería.

El sábado 12 de febrero de 1916 Juan Ramón llegó a Nueva York. Era día festivo, aniversario del natalicio de Lincoln. Zenobia fue al muelle con su madre a recibirlo y estaba también un amigo de Juan Ramón de la Residencia,

---

[25]   De las cartas inéditas de Zenobia a Juan Ramón, de 1916, en la «Sala Zenobia y Juan Ramón Jiménez», de la Universidad de Puerto Rico. Parte de la información que precede y sigue se basa en impresiones recogidas por esta autora de la lectura de las cartas inéditas de 1915.

Antonio Jaén. Doña Isabel estaba al tanto de las intenciones de su hija y sabiendo que cualquier oposición era ya inútil, se resignó a la boda. José, el hermano mayor, llegó después y todos fueron a cenar alegremente a casa de la prima Hanna Crooke, que había ido a La Rábida con las Camprubí Aymar. Juan Ramón hizo la petición de mano a José y Zenobia y Juan Ramón pasaron con él y su familia ese sábado y domingo. A las dos semanas le hacían a Zenobia el traje de boda, que no habría de ser blanco, sino un traje de calle, porque la boda iba a celebrarse en la mayor intimidad.

Cuatro días antes de la ceremonia, el 26 de febrero, se firmaron las capitulaciones matrimoniales, a semejanza de las de doña Isabel, cuando se casó con don Raimundo. Ninguno aportaba nada al matrimonio, pero el futuro marido le concedía a Zenobia: «pleno derecho para manejar y disponer libremente y sin previa consulta» de sus bienes futuros, producto de sus trabajos literarios, resultados de su herencia o cualquier otro bien que a ella derivara. [26] Henry Shattuck llegó al otro día, un domingo, a conocer a Juan Ramón, sólo entonces supo que se casaba Zenobia.

---

[26] La información concerniente al matrimonio de Zenobia y Juan Ramón, la subsecuente estancia en Nueva York, el regreso a Madrid y todos los demás detalles hasta el final de esta historia proceden, básicamente, del diario de bodas de Zenobia, en los archivos Camprubí Aymar en posesión de Francisco Hernández-Pinzón Jiménez. Este documento se publicó, parcialmente, como: «Diario de Zenobia Camprubí recién casada». Selección, Introducción y Notas de Arturo del Villar, *Nueva Estafeta*, número 1, Madrid, diciembre 1978, págs. 45-53. La información básica del diario de Zenobia se ha ampliado con datos históricos referentes a las personas y los lugares relacionados con ellos en los Estados Unidos y con investigaciones basadas en los papeles de Zenobia y Juan Ramón en la «Sala Zenobia y Juan Ramón Jiménez», de la Universidad de Puerto Rico y el «Legajo Juan Ramón Jiménez», del Archivo Histórico de Madrid.

El jueves 2 de marzo de 1916, en la iglesia católica de St. Stephen, situada en el 142, Este de la calle 29 de Nueva York, se casaron Zenobia y Juan Ramón Jiménez, en presencia de su madre, sus tres hermanos, actuando de padrino José; la prima Hanna Crooke fue la madrina y estaban, además, su querida Aunt Ethel Le Bau Dyer, con quien pasara tantos ratos buenos en Wáshington, y dos amigas de su madre, Anna Parsons, de los días de Flushing y Mrs. De Meli.

Juan Ramón y Zenobia fueron a hacerse fotografías al «Garo Studios» y de allí al «National Arts Club», donde pasarían la luna de miel. Allí le esperaban flores de su madre, de sus amigos los Underhill y de otra amiga de la familia, Miss Katherine Sargent.

El «National Arts Club» estaba situado en una de las barriadas más aristocráticas de la ciudad, «Gramercy Park», dos manzanas residenciales dentro de un parque separado del resto de la población por una cerca de hierro. Allí tenían sus casas los elegidos de la sociedad neoyorkina y banqueros, embajadores y distinguidos escritores. «El «National Arts» había sido la mansión del millonario Samuel J. Tilden, famoso abogado y hombre de estado, que fue candidato para la presidencia de los Estados Unidos en 1876 y que legó parte de su capital para la construcción de la Biblioteca Pública de Nueva York. El club se fundó en 1902 para promover el contacto entre los artistas, patronos y amantes de las artes, proveyendo un lugar de reunión para ellos con miras a estimular y orientar a la expresión práctica el sentido artístico de la nación, proporcionando además salones para exhibición de las artes aplicadas e industriales y estimulando la publicación y circulación de noticias, sugerencias y discusiones relacionadas con las bellas artes. Generalmente había exhibiciones de artesanía del país y de otras culturas, y se mantenía una biblioteca, comedores privados, salones para festejos y un número de habitaciones para dormir. Se servían dos comidas al día y los miembros podían solicitar la admisión de un huésped no residente por un período de dos semanas.

Pasaron allí los tres primeros días de casados entre amistades y familiares, atendiendo a las menudencias de la vida de viajeros: había que mandar a hacer las participaciones de la boda, atender al equipaje y a encargos de importaciones de España. No era la luna de miel lo que el romántico poeta se había imaginado, sino la incorporación de él a la vida activa de Zenobia y tuvieron el primer disgusto, el primero de varios disgustos que no habrían de durar, porque estaban verdaderamente enamorados y el cariño lo solucionaba todo. Al tercer día salieron para Boston, donde Zenobia tenía parientes y amistades. La vida siguió siendo una serie de visitas, almuerzos, tés, espectáculos; Juan Ramón no simpatizaba con todas las amistades de Zenobia y alegando no sentirse bien, prefería quedarse en el hotel; pero Zenobia salía por los dos. Cuando una amiga los llevó a la Universidad de Harvard, el recién casado rehuyó las ocasiones de ser presentado a los rectores y profesores eminentes; pero cuando Zenobia le enseñaba la ciudad estando ellos solos o cuando se encontraban a una persona más de su carácter, como Henry Shattuck, serio, culto, callado, Juan Ramón disfrutaba. Henry les habló de una sociedad para preservar las antigüedades de la Nueva Inglaterra que se había fundado en Boston en 1910, y que enaltecía la artesanía popular: exhibían artes decorativas regionales, labor de aguja, grabados y fotografías, juguetes antiguos y conservaban casas históricas en los distintos Estados de la Nueva Inglaterra, era como un «Arts and Crafts Club» o sociedad de artesanía popular, y a Zenobia y Juan Ramón les pareció que algo así se podía instituir en España.

Volvieron a Nueva York, ahora tenían que hacerse cargo de su propio hospedaje. Después de una corta estancia en un hotel triste, pobre y sucio, el «Marelton», se mudaron al «Hotel Van Rensselaer», nuevo y muy bien situado, en la Calle 11, en una barriada de buenas casas particulares, cerca de la Quinta Avenida. Allí se estaba cómodamente, tenía el ambiente de una buena casa de hospedaje, alquilaban por semanas, meses o año. Pasaron allí casi tres meses y entre las muchas actividades sociales a las que les obligaban las atenciones de los familiares, parientes y amistades de Zenobia, empezaron a disfrutar de actividades de interés para ambos y de ratos de calma y soledad gustosa.

El Nueva York que Zenobia y sus amistades le mostraba a su marido era el de la *élite*, de almuerzos, tés, comidas, reuniones y veladas en los mejores sitios. Por el «Author's Club» habían pasado los más distinguidos escritores del país, sus retratos autografiados colgaban de las paredes. Un amigo de la familia llevó a Juan Ramón allí, a una velada de Shakespeare y le presentó a infinidad de gente que no le causó la menor impresión. Pedro Henríquez Ureña, que andaba por Nueva York, los llevó al «Poet's Club» e iban al «Colony Club», una sociedad de las mujeres de la aristocracia, en un edificio de la famosa «Park Avenue». Acababan de decorar el local con motivos del trópico que Juan Ramón hallaba insoportables. Cenaban a menudo en el «Cosmopolitan Club», otro de los mejores centros sociales de la ciudad; pero la misma gente iba a los mismos sitios y a él le parecían todas artificiosas, con sus complicados vestuarios, sus cigarrillos y sus bebidas. Zenobia era sencilla en el vestir y no fumaba y bebía sólo vino. No le disgustaban las visitas a los buenos museos de Nueva York y asistieron a conciertos de la Filarmónica, a oír a Pablo Casals y Harold Bauer, y Paderewski; pero en lo que se amoldaban a sus respectivas maneras de vida opuesta, hubo sombríos silencios de parte del novio, llantos de parte de la novia y discusiones que aclaraban el ambiente y les permitían empezar de nuevo o seguir tratando de amoldarse a lo que era ajeno a sus temperamentos individuales, tan opuestos. Y se comprendían mejor. Poco a poco fueron descubriendo el placer de las horas juntas, leyendo o leyéndose, escribiendo, conversando. Ella había empezado a llevar otro diario, desde su llegada, que era como antes, un registro de sus idas y venidas y de los nombres de sus infinitas amistades. El también había empezado a llevar un *Diario* desde su salida de España, que no se parecía en nada al de ella, porque era el registro de sus impresiones y sus reacciones en ese país macrocósmico y torbellinesco, que no le angustiaba por el hada madrina que le llevaba de la mano, su mujer Zenobia. Colmada por ella la más grande pasión de su vida, la del amor a la mujer, él podía aislar lo bello entre lo feo; lo sencillo, entre lo abigarrado; lo natural, entre tantas cosas artificiales; lo noble entre lo innoble; lo dulce entre lo amargo; lo grande entre lo mezquino. El diario de ella era, emocionalmente, casi taquigráfico, el día de la boda había dicho: «Me casé»; registraba las desavenencias de manera objetiva: «Marzo, sábado 4... Juan Ramón y yo tuvimos nuestro primer disgusto y después nos da mucha pena y nos quisimos más»; «Marzo, jueves 16... Juan Ramón y yo tenemos un gran disgusto y luego mayor comprensión y mucho más cariño verdadero»; «Abril 1, sábado... Juan Ramón y yo tenemos escenas y discusiones tristes y trágicas que se resuelven en la nada». También registraba las victorias con ecuanimidad: «Lunes 17... Vuelvo a casa muy contenta y Juan Ramón y yo nos quedamos ya juntos toda la velada escribiendo, leyendo, conversando y queriéndonos mucho».[27] El, mientras tanto, iba escribiendo una poesía distinta, animado y deslumbrado por la luz de ella y ella no sabía que era su musa, como tampoco sabía de los muchos versos que él había escrito registrando toda la gama de su pasión y de su desconcierto el largo tiempo que la pretendió. Y así como, pese a su resistencia ella lograba sacarlo de su ensimismamiento, ella empezó a comprender su carácter y a entender la razón de su soledad. Y empezó también a ayudarle en sus escritos, traduciéndole a los autores en inglés que podían interesarle. Tenían innumerables libros que les habían regalado en el Hispanic Society y habían comprado otros al visitar las grandes casas publicadoras de Nueva York y Boston. Ella le tradujo a Poe, Keats, Emily Dickinson, Frost, Vachel Lindsay, Edgar Lee Masters, Edna St. Vincent Millay, Amy Lowell y a los *imaginistas*, que se habían puesto de moda. Cuando a él le gustaba un poema en particular, ella se lo escribía en español, traduciéndolo del inglés y él lo volvía poesía española. Y en Nueva York ella le leyó a James Fitzmaurice-Kelley, el crítico inglés que le había incluido a él en *The Oxford Book of Spanish Verse*, en 1913, diciendo, en la introducción a los poemas, que Juan Ramón era un inválido y que a ello se debía la, a veces, morbosa tristeza de sus versos elegíacos.

Yendo de paseo a pie, descubrieron sendas poco transitadas, alejadas del ruido de la ciudad y descubrieron

---

[27] Estas citas proceden directamente del diario de Zenobia; pero aparecen también en la selección de Arturo del Villar en la *Nueva Estafeta*.

también una magnolia en flor y rincones callados donde
sentarse mirando al río, y un bello y sencillo cementerio
ciudadano, y ella, al fin, escribió en su diario:

Sábado, 29 (abril):
«Venimos inesperadamente al reservoir y le seguimos el borde solitario y alejado del rumor de la
ciudad, embebidos en el encanto de la hora, de la
gran superficie lisa y llena de luz del agua y de las
orillas esfumadas y grises. Intensamente felices. Me
vuelven todos los sueños, las esperanzas y los entu-
siasmos juveniles de mi antigua *joie de vivre*. La
cosa, sin embargo, ya me había empezado antes».[28]

Archer Huntington, el Presidente del Hispanic Society,
que hablaba el español muy bien, pues se había educado
en Nueva York y en España, los llevó a su casa de campo
que a Zenobia le pareció «vieja, encantadora y comodísi-
ma». El Hispanic Society iba a publicar una traducción
de *Platero* que preparaba John Garret Underhill asesorado
por Juan Ramón. Underhill parecía estar dotado para
ello, era doctor en filosofía y había enseñado literatura
comparativa en la Universidad de Columbia; era actor y
representante general de la Sociedad de Autores Españoles de Estados Unidos y el Canadá; pero no supo interpretar a *Platero* en inglés, que necesitaba de una sensibilidad
muy particular y un conocimiento profundo de la lengua,
como el de Zenobia para entender *La luna nueva*, de Tagore. Huntington decidió entonces publicar una selección de
la poesía de Juan Ramón.

La estancia en los Estados Unidos se había prolongado,
decidieron regresar en junio; pero antes Zenobia quiso en-

---

[28] *Ibíd.*

señarle a su marido las otras grandes ciudades del Este: Filadelfia, Baltimore y Wáshington, donde ella pasara tantos ratos alegres de su primera juventud. La capital de los Estados Unidos no era aún una gran ciudad, sus museos eran nuevos y pobres, sus calles se topaban con el campo y en las praderas entre la Casa Blanca y el Obelisco pacían las vacas; el río Potomac se veía de cualquier parte casi de la ciudad, y a Juan Ramón le gustó su paz provinciana. Por el río embarcaron a Mount Vernon, la antigua plantación y residencia de George Wáshington, con una vista magnífica del río y de las praderas desde el portal. A Zenobia le parecía que ésa era una de las casas que más completamente reunía las condiciones que le interesaban para una casa propia. Estaba aislada, encima de una colina y rodeada por parques de grama; no era una mansión, no tenía trazas palaciegas, era una casa colonial norteamericana en la que predominaba la comodidad y la sencillez, tenía los techos bajos y muchos hogares y por su aislamiento y sus vistas esplendentes de campo y río era comparable a los lugares de La Rábida. En Filadelfia les impresionó el Museo de Arte, uno de los mejores del mundo, y de vuelta a Nueva York, volvieron a visitar el gran Museo Metropolitano.

Los últimos días en Nueva York fueron un torbellino «con mil encargos y 400 despedidas». Hicieron compras para la familia de Juan Ramón en Andalucía, a quien Zenobia conocería en el viaje de regreso. Se surtieron de comestibles y golosinas y cuando al fin tomaron el vapor que salía para Cádiz el 7 de junio de 1916, entre sus hermanos y sus amistados, se reunieron a despedirles en el muelle más de una docena de personas.

La historia de los inicios de la vida de casados de Zenobia y Juan Ramón en América termina aquí. Como la mujer y el gran amor de Juan Ramón Jiménez, Zenobia realizó todos sus proyectos y todas sus ambiciones, porque él la dejó hacer y secundó todos sus planes y ella aprendió a hacer por él, le ayudó a vivir su vida y le protegió su soledad sin dejar que se consumiera en ella, porque con su amor y su comprensión y su inteligencia lo devolvía al mundo de ella, que era el normal. Y dejándole a él vivir su vida y viviendo ella la suya de lleno, se convirtió en la gran traductora de la obra de Rabindranath Tagore, y fue la primera mujer en montar una exposición permanente de artesanía española en Madrid, en su tienda de «Arte Popular», que duró hasta la Guerra Civil, y fue la primera mujer, o una de las primeras, que guió un coche en Madrid, y fue una de las fundadoras, con María de Maeztu, del «Lyceum Club», el primer club de mujeres que se fundó en España y ella fué la Secretaria, y anticipó el concepto de hostales o paradores montando pisos para viajeros, amueblados y adornados con obra de artesanía española. Y como fiel y amante esposa de su marido le proporcionó la paz y amorosa tranquilidad que le llevó a él a la culminación de su genio, llegando por ella, por Zenobia, al concepto de la *poesía desnuda*, que era la purificación de su pasión erótica y pasando a ser maestro de generaciones poéticas en España y América y uno de los grandes líricos de todos los tiempos.

III

INICIOS DE TRANSCENDENCIA

ANTICIPOS DE UNA CONSCIENCIA ESPACIALISTA:

MUERTE SIN FIN, DE JOSE GOROSTIZA (1939) Y *ESPACIO*, DE JUAN RAMON JIMENEZ (1943 y 1944)

A los veinte años de casados, Zenobia y Juan Ramón volvieron a América. Salieron de España inesperadamente, a raíz de la Guerra Civil, en 1936, y por motivos de índole económica. Con los disturbios políticos, Juan Ramón no recibía el pago de su trabajo ni a Zenobia le llegaban las rentas de sus bienes en los Estados Unidos. La estancia del matrimonio en América se convirtió en permanente. Llegaron a Nueva York en agosto de 1936, pasaron de allí a Puerto Rico, a Cuba y finalmente a los Estados Unidos, para regresar, hacia el final de sus vidas a Puerto Rico. Allí murieron ambos.

En el destierro, Juan Ramón adquirió una consciencia nueva del espacio, que habría de reflejarse en la expresión poética de «Espacio» (1943-1944). Esta nueva consciencia apareció también en otra gran obra de esa época, «Muerte sin fin» (1939), del poeta mexicano José Gorostiza.

Recién salido de España, en 1937, en un «Coloquio» con José Lezama Lima sobre la sensibilidad nacional y las culturas incorporadas, dijo Juan Ramón Jiménez: «La verdadera poesía está para mí, en la expresión aislada, acabada, suficiente, única, del pensamiento o el sentimiento plenos».[1] Casi treinta años después, otro gran lírico del siglo xx, Octavio Paz, reiteraba el *dictum* juanrramoniano: «Una obra es algo más que una tradición y un estilo: una creación única, una visión singular. A medida que la obra es más perfecta son menos visibles la tradición y el estilo».[2]

En la literatura hispánica moderna, la eterna preocupación con el destino final del hombre dio, en la primera mitad del siglo xx, los dos grandes poemas aislados, singulares, que son también puntos culminantes del pensamiento y sentimiento de la época: *Muerte sin fin*, de José Gorostiza, y *Espacio*, de Juan Ramón Jiménez. Sobre el poema de Gorostiza escribió Octavio Paz: «'Muerte sin fin' cierra un ciclo de poesía: es el monumento que la forma ha erigido a su propia muerte. Después de 'Muerte sin fin' la experiencia del poema —en el sentido de Gorostiza— es imposible e impensable. Otras experiencias, otras muertes, nos esperan».[3] Años después, en el prólogo a *Poesía en movimiento*, Octavio Paz explica en qué sentido *Muerte sin fin* «cierra un ciclo de poesía»: porque al reducir al absurdo la noción de la perfec-

[1] José Lezama Lima, «Coloquio con Juan Ramón Jiménez», *Revista cubana*, tomo XI, núm. 25, La Habana, enero-febrero-marzo de 1938, pág. 93.

[2] En el «Aviso» o prólogo a *Poesía en movimiento*. México, 1915-1966. Selección y notas de Octavio Paz, Alí Chumacero, José Emilio Pacheco y Homero Aridjis, México, Siglo XXI Editores, S. A., 1966, pág. 4.

[3] «Muerte sin fin», en *Las peras del olmo*, México, Universidad Nacional Autónoma, 1965, pág. 118.

ción; termina la tradición de la perfección de la forma, la poesía hablará «con otro lenguaje» (págs. 19-20). «Poetas del tiempo», llamó Paz a Gorostiza, Vallejo, Borges y Neruda, porque para ellos «el hecho más importante de su vida es que 'el tiempo pasa' —y nosotros con él».[4]

El concepto del tiempo en la época moderna se ha convertido en negación; pero la obra de arte se resiste a ser la afirmación de la nada, si *Muerte sin fin* es el canto a la muerte de la forma en el transcurso del tiempo, *Espacio* es el canto a la vida de la substancia en el espacio. La aparición de estos poemas coincidió con una época en que la ciencia empezaba a fijarse con nuevo interés en el espacio sideral. A partir de 1933 se pusieron en boga las teorías de la gran explosión del Universo, teorías que adquirieron nuevo ímpetu con los adelantos de la técnica. Hoy se atribuye al espacio un carácter eterno e infinito y pese a que la coordenada tiempo-espacio es inseparable, los escritores de la segunda mitad del siglo XX han transferido al espacio la carga emocional y metafísica que antes recaía sobre el tiempo. La consciencia del espacio o espacialista predomina en todas las expresiones culturales de fin de siglo.

Gorostiza y Juan Ramón intuyeron la tendencia espacialista, anticipándola en sus poemas. El objeto de este trabajo es señalar por qué medios ambos adelantaron esta tendencia. No se trata de proponer significados, los textos de estos poemas han sido explicados y se ha ahondado en sus posibles significados.[5] Se trata de una lectura compa-

---

[4] *Ibíd.*, pág. 117.

[5] Entre los primeros críticos de Gorostiza, además de Paz, véase: Ramón Xirau, «Descarnada lección de poesía», en *Tres poetas de la soledad*, México, Antigua Librería Robredo, 1955, págs. 13-20; Emma Godoy, 'Muerte sin fin', de Gorostiza, *Abside*, tomo XXIII, núm. 2, abril-junio 1959, págs. 125-180; Andrew P. Debicki, *La poe-*

rando los recursos para señalar cómo funciona lo espacial sobre lo temporal.

En un sentido general se puede decir que en *Muerte sin fin* y *Espacio,* los hablantes especulan sobre la vida y la muerte a través del confrontamiento de la forma y la substancia. La dialéctica de Gorostiza se desarrolla partiendo de un recurso de nimia apariencia, el de la imagen del vaso como la forma perfecta contenedora del agua, símbolo de la perfecta substancia. Dice el hablante: «No obstante —¡oh paradoja!— constreñida / por el rigor del vaso que la aclara, / el agua toma forma. / En él se asienta, ahonda y edifica». [6] En el poema de Juan Ramón, el confrontamiento de forma y substancia nace de un incidente al parecer nimio: al aplastar con el pie a un cangrejo en la arena, el poeta encuentra que «era cáscara vana, un nombre nada más, cangrejo; y ni un adarme, ni un adarme de entraña; un hueco igual que qualquier hueco; un hueco en otro hueco». [7] El incidente adquiere implicaciones monstruosas, Juan Ramón se siente «inmensamente hueco», «monstruoso de oquedad erguida» con el sol derritiéndole «lo hueco» (pág. 878). Entonces el poeta le pregunta a su conciencia si al deshacerse de su cuerpo se

sía de José Gorostiza, Colección Studium - 36, México, Ediciones de Andrea, 1962; Mordecai S. Rubín, *Una poética moderna: 'Muerte sin fin', de José Gorostiza. Análisis y comentario.* Prólogo de Eugenio Florit, Albama, University of Alabama, 1966. Sobre *Espacio,* véase: María Teresa Font, *Espacio: Autobiografía lírica de Juan Ramón Jiménez,* Madrid, *Insula,* 1972, y Howard T. Young, «Génesis y forma de 'Espacio' de Juan Ramón Jiménez», *Revista Hispánica Moderna,* núms. 1-2, 1968, págs. 462-470.

[6]   José Gorostiza, «Muerte sin fin», en *Poesía,* México, Fondo de Cultura Económica, 1964, pág. 107. Todas las citas del poema se refieren a esta edición.

[7]   J. R. J., «Espacio», *Tercera antolojía poética,* Madrid, Editorial Biblioteca Nueva, 1957, pág. 877. Todas ¡·· ·itas del poema se refieren a esta edición.

acordará de él: «Cuando tú quedes libre de este cuerpo, cuando te esparzas en lo otro (¿qué es lo otro?), ¿te acordarás de mí con amor hondo...?» (pág. 878).

Gorostiza habla de la idolatría de la substancia por la forma. Cito: «Más amor que sed; más que amor, idolatría, / dispersión de criatura estupefacta / ante el fulgor que blande / —germen del trueno olímpico— la forma» (pág. 124). Juan Ramón, a la inversa, habla de la idolatría de la forma por la substancia: «Difícilmente un cuerpo habría amado así a su alma, como mi cuerpo a ti, conciencia de mi alma; porque tú fuiste para él suma ideal y él se hizo por ti, contigo, lo que es» (pág. 879). Como en el caso de Gorostiza, en el poema de Juan Ramón se abandona la dialéctica sin resolver. Gorostiza, en sus famosos versos finales increpa a la muerte mandándola al diablo: «¡Anda, putilla del rubor helado, / anda, vámonos al diablo!» (pág. 144) y Juan Ramón recrimina a la substancia por su inminente abandono de la forma: «¿Y te has de ir de mí tú, tú a integrarte en un dios, en otro dios que éste que somos mientras tú estás en mí, como de dios?» (página 880).

El punto de partida de *Muerte sin fin* y *Espacio* es la afirmación del carácter divino de la substancia sobre la forma y en este sentido se da preferencia en dichos poemas a la dimensión espacial contenedora de la substancia. Gorostiza describe a su hablante con los vocablos de lo informe: «lleno», «sitiado», «epidermis», «inasible», «ahoga», «atmósfera», «luces», «derramada». Cito sus famosos primeros versos: «Lleno de mí, sitiado en mi epidermis / por un dios inasible que me ahoga, / mentido acaso / por su radiante atmósfera de luces / que oculta mi conciencia derramada» (pág. 107). También Juan Ramón desde el principio del poema exalta la substancia sobre la forma y se refiere al ser como una *fuga* o huida en un concepto tempo-espacial. Su poema empieza: «'Los dioses no tuvieron más sustancia que la que tengo yo'. Yo tengo, como ellos, la sustancia de todo lo vivido y de todo lo porvivir. No soy presente sólo, sino fuga raudal de cabo a fin» (pág. 851). Ambos hablantes se refieren a sus orígenes en términos de su situación en el espacio. La criatura de Gorostiza, en el sentido tradicional del cristianismo es un ser caído: «mis alas rotas en esquirlas de aire, / mi torpe andar a tientas por el lodo», dice (pág. 107). Juan Ramón se expresa en términos heterodoxos al considerarse una criatura nacida del sol y venida a la sombra: «Como yo he nacido en el sol y del sol he venido aquí a la sombra... y mi nostalgia, como la de la luna, es haber sido sol de un sol un día y reflejarlo sólo ahora» (pág. 852). Se entiende que Juan Ramón se expresa metafóricamente; pero es singular este hecho de que Gorostiza, salvando posibles atavismos de raza, se mantenga a través del poema dentro de la tradición cultural; mientras que Juan Ramón, al identificarse con el sol, asume una actitud que podría ser hispano americana, con resabios de antiguas mitologías. Pese a esta diferente actitud, ambos poetas especulan sobre el destino final del hombre en términos espaciales. Gorostiza usa las palabras «oquedad», «isla», «vaso»: «Tal vez esta oquedad que nos estrecha / en islas de monólogos sin eco, / aunque se llama Dios, / no sea sino un vaso / que nos amolda el alma perdidiza» (pág. 109). Y Juan Ramón habla de un sitio final: «En medio hay, tiene que haber un punto, una salida; el sitio de seguir más verdadero, con nombre no inventado, diferente de eso que es diferente e inventado que llamamos, en nuestro desconsuelo, Edén, Oasis, Paraíso, Cielo» (pág. 853). En otras palabras, la «oquedad», «isla», «vaso» de Gorostiza es equivalente al *sitio no verdadero* de Juan Ramón; sin embargo, Gorostiza da el nombre «Dios» con mayúscula a este gran misterio y Juan Ramón no. La noción espacial de Dios en el poema de Gorostiza es de color azul, como lo demuestran los siguientes versos: «pero que acaso el alma sólo advierte / en una transparencia acumulada / que tiñe la noción de El, de azul. / El mismo Dios, / en sus presencias tímidas, / ha de gastar la tez azul» (pág. 109). Este concepto nos recuerda la famosa frase de Juan Ramón: «Dios está azul», de 1907; [8] pero para la fecha de *Espacio*, en período de plena desnudez poética, Juan Ramón no aplica a Dios el nombre ni lo asocia con ningún color. En esta obra, si se tiene que referir a la divinidad suprema, usa la tercera persona del singular con mayúscula, como en el fragmento a continuación: «por eso creo en El y no me opongo a nada suyo, a nada mío, que El es más que los dioses de siempre, el dios otro, regidos, como yo por el Destino, repartidor de la sustancia con la esencia» (pág. 869). La concepción de Dios en Gorostiza es ortodoxa y en Juan Ramón heterodoxa, porque concibe a un Dios-Destino de cada cual.

El concepto del amor está expresado en términos espaciales en el poema de Gorostiza y en el de Juan Ramón, y una vez más Gorostiza se adhiere a la ortodoxia al referirse al amor de Dios como «un circundante amor de la criatura»; mientras que Juan Ramón, panteísticamente se preocupa por su cósmico amor por todo: «¿Qué es este amor de todo, cómo se me ha hecho en el sol, con el sol, en mí conmigo?» (pág. 852).

Muerte sin fin y *Espacio* se desarrollan a base de una profunda relación entre la inteligencia y la substancia poé-

---

[8] Del primer verso del poema «Mañana de la cruz», del libro *Baladas de primavera*, incluido en la *Tercera antolojía*, pág. 125.

tica. Simbólicamente, la inteligencia es una función divina y humana con existencia en el espacio antes que en el tiempo. Esto se puede demostrar señalando ciertos recursos poéticos de *Muerte sin fin*. Gorostiza acata *a priori* las limitaciones de la inteligencia humana apoyándose en tres versículos de la Biblia que él cita a manera de prólogo. Estos proceden del artículo 8.º titulado «Llamamiento de la sabiduría» del Libro de los Proverbios, en el que se recomienda a los hombres la prudencia en relación a la sabiduría y se dice que el principio de la sabiduría es el temor de Dios. Un elemento muy importante de este «Llamamiento» es que la sabiduría aparece como algo que existió en la eternidad con dimensión espacial y sin dimensión temporal. Nos referimos al versículo 23 que dice que la sabiduría es el principio de todo, y subrayamos: «Desde la eternidad tengo yo el principado de todas las cosas, *desde antes de los siglos*, primero que fuese hecha la tierra.» En los siguientes versículos se acentúa esta dimensión espacial diciendo que la sabiduría *estaba* presente cuando Dios extendía los cielos (8, 27); que ella *estaba* con Dios disponiendo todas las cosas (8, 30); que sus delicias eran *estar* con los hijos de los hombres (8, 31). «¡Oh inteligencia, soledad en llamas, / que todo lo concibe sin crearlo!» (pág. 119).

En el poema *Espacio*, Juan Ramón establece, como Gorostiza, una directa relación entre la inteligencia y la substancia poética, reconociendo las limitaciones de la inteligencia; pero sin apoyarse en la ortodoxia. Sin ninguna humildad, aunque con lógica, Juan Ramón considera que él posee un conocimiento individual de sí mismo, superior al conocimiento que de él puedan tener otros, por lo tanto, él sabe más que el que más sabe, e ignora más que el que más ignora, qué es su vida y su muerte y qué no es (página 851). El problema de la existencia queda planteado también como un problema de la inteligencia. Dice Juan Ramón: «Lucha entre este ignorar y este saber es mi vida, su vida, y es la vida» (págs. 851-852).

En la búsqueda razonada del sentido de la existencia, ambos poetas siguen enalteciendo artísticamente la dimensión espacial en relación a la inteligencia humana. Gorostiza llega al concepto de la libertad de la inteligencia, pese a sus limitaciones, desarrollando imágenes que tienen que ver con el espacio, partiendo de la imagen del vaso providente contenedor del agua, que la limita y la circunda dejándole un espacio, una salida: «un ojo proyectil que cobra alturas / y una ventana a gritos luminosos / sobre esa libertad enardecida / que se agobia de cándidas prisiones!» (pág. 108). Del mismo modo, la epidermis en la que el hombre está situado, contiene la «conciencia derramada»; pero le deja una salida, los ojos, para que el hombre reconozca su imagen en la «atmósfera de luces» que es la creación (pág. 107). Y así Dios, en este espacio o «atmósfera de luces» que contiene la vida temporal del hombre ——«vaso de tiempo» lo llama Gorostiza— (pág. 111), le deja también una abertura, una luz, la de la inteligencia, que permite, dice Gorostiza, mirar sin verlo a El, «lo que detrás de El anda escondido» (Ibíd.).

Juan Ramón descarga también sobre el espacio la emoción artística en su búsqueda razonada del sentido de la existencia: «¡Qué inquietud en las plantas al sol puro...» —dice el poeta, y se pregunta: «¿Esperan más que verdear, que florear y que frutar; esperan, como un yo, lo que me espera; más que ocupar el sitio que ahora ocupan en la luz, más que vivir como ya viven, como vivimos; más que quedarse sin luz, más que dormirse y despertar?» (página 853).

Puesto que la inteligencia es el conjunto de todas las funciones que tienen por objeto el conocimiento, ambos poetas ejercen plenamente estas funciones: sensación, imaginación, entendimiento, razón, conciencia, asociación, memoria.

En ambos poemas sus autores se dejan embriagar por las cosas del espacio que les rodea. En *Muerte sin fin* esto es evidente en la seguidilla y baile que empieza con los versos: «Iza la flor su enseña, / agua, en el prado. / ¡Oh, qué mercadería / de olor alado!» (pág. 121). Juan Ramón, como un eco de Gorostiza, dice en *Espacio*: «Alas, cantos, luz, palmas, olas, frutas me rodean, me envuelven en su ritmo, en su gracia, en su fuerza delicada; y yo me olvido de mí entre ellos, y bailo y canto, río y lloro por los otros, embriagado» (pág. 854). Y así como para Gorostiza toda esta embriaguez de los sentidos es un «morir a gotas» que «sabe a miel» (pág. 122), para Juan Ramón son «copas de veneno» tentadoras, «veneno (que) nos deja a veces no matar» (pág. 856).

«'Muerte sin fin' —dijo Octavio Paz— es un largo delirio razonado» y explica que en esta obra la poesía «se revela como una operación capaz de aprehender, en un solo acto, los contrarios irreductibles de que está hecha la realidad... La dialéctica del poema no es diversa a la de la realidad; simplemente recrea en otro plano la lucha de esas fuerzas que se aniquilan para renacer»[9] Este plano es el que yo llamo *espacial*. La dialéctica de la forma y la substancia en el poema de Gorostiza, se aplica al vaso y al agua, al cuerpo y al alma, al Universo y a Dios, al mismo tiempo que al lenguaje, a la forma del poema y al objeto. Es decir, que los componentes se van ampliando hasta que todo el cosmos pasa a ser objeto del poema.

---

[9] En *Las peras del olmo*, pág. 116.

La obra *Espacio*, de Juan Ramón, es también un delirio razonado, una dialéctica de la forma y la substancia; pero a la inversa que en *Muerte sin fin*. Juan Ramón, ante el espacio abierto del paisaje llano de La Florida, inmensidad que él llama «sólo espacio y tiempo», en un rapto poético se siente substancia, se olvida de la forma y relega el tiempo a segundo lugar. Se diría que se siente trascendido por el espacio. Entonces, en su visión, la naturaleza, como él, se convierte en substancia sola, el lenguaje pierde su forma y sólo queda la música de la poesía «extraña y sencilla», la esencial. Si Gorostiza recurre a todas las artes del lenguaje para cantar la elegía de la forma, Juan Ramón desnuda la forma para rendirle homenaje a la substancia. Juan Ramón escribió en verso libre las dos primeras partes del poema, que tienen que ver con la substancia del ser, y escribió en prosa el «Fragmento tercero», que trata de la muerte de la forma. [10]

Juan Ramón, como Gorostiza pondera la insuficiencia del lenguaje. El primero, hablante-poeta, ha resuelto el problema. No así el hablante de *Muerte sin fin* en su visión de los opuestos. Al ser consumido por la muerte «el hombre ahoga con sus manos mismas, / en un negro sabor de tierra amarga, / los himnos claros y los roncos trenos / con que cantaba la belleza, / entre tambores de gangoso idioma / y esbeltos címbalos que dan al aire / sus golondrinas de latón agudo» (pág. 133). O en sus silen-

---

[10] Estas dos partes se publicaron en *Cuadernos Americanos,* año II, núm. 5, septiembre-octubre 1943, como «Espacio (una estrofa)», págs. 191-205 y año III, núm. 5, septiembre-octubre 1944, «Espacio (Fragmento 1.º de la 2.ª estrofa)», págs. 181-183. Las mismas partes aparecen en la *Tercera antología* tituladas, respectivamente: «Fragmento primero», págs. 851-863 y «Fragmento segundo», págs. 864-866, más un "Fragmento tercero», fechado 1941-1942-1954, págs. 867-880.

cios, el hombre descubre «que su hermoso lenguaje se le
agosta, / se le quema —confuso— en la garganta, / exhaus-
to de sentido» (págs. 134-135). Pero Juan Ramón oye una
música universal: «A su aguda y serena desnudez, siempre
extraña y sencilla, el ruiseñor es sólo un calumniado prólogo. ¡Qué letra, universal, luego, la suya! El músico mayor la ahuyenta» (pág. 854). El símbolo de esta música es
el pájaro, que él oye: «Tú y yo, pájaro, somos uno; cánta-
me, canta tú, que yo te oigo, que mi oído es tan justo por
tu canto» (pág. 861). En *Espacio,* como en muchos otros de
sus poemas de la última época, Juan Ramón se identifica
con el pájaro «derramador de música». El pájaro es la música desnuda que es la poesía, poesía desnuda que le per-
mitirá crear su eternidad.

Juan Ramón ha llegado al concepto de la poesía desnuda una vez que ha satisfecho su pasión de poseer a la mujer desnuda en cuerpo y alma, de allí que la mujer sea
para él totalidad de la forma y la substancia. *Espacio* se
aparta de nuevo de *Muerte sin fin* cuando el amor y la mujer pasan a ser objeto del poema: «¡qué forma de las formas, qué esencia, qué sustancia de las sustancias, las esen-
cias; qué lumbre de las lumbres; la mujer, madre, hermana, amante! Luego, de pronto esta dureza de ir más allá
de la mujer, de la mujer que es nuestro todo, donde debiera terminar nuestro horizonte» (pág. 854). La mujer le
hace a Juan Ramón olvidar su dimensión temporal y acu-
den a su memoria, no los tiempos vividos, sino los espacios habidos: Moguer, Sevilla, Madrid, Coral Gables. El
poema se convierte en autobiografía. La segunda parte o
«Fragmento segundo» de *Espacio* es el canto de su luna
de miel. El poema se desarrolla partiendo de la memoria
de su primera estancia en Nueva York donde se casó con
Zenobia, consumando así su amor. Los primeros versos

del fragmento dicen: «'Y para recordar por qué he vivido', vengo a ti, río Hudson de mi mar. 'Dulce como esta luz era el amor...'» (pág. 864). Mujer y poesía son vida, que le han hecho olvidarse al hablante de la dialéctica de la forma y la substancia. Pero vuelve a ella en la tercera y última parte de *Espacio*, llamado sencillamente «Fragmento tercero».[11] Esta parte, con muchos puntos de contacto con *Muerte sin fin*, está llena de la presencia y consciencia de la muerte.

Juan Ramón escribió *Espacio*, según consta en la famosa carta a Enrique Díez-Canedo, saliendo «casi nuevo, resucitado casi, del hospital de la Universidad de Miami». Al pensar en la muerte, Juan Ramón admite la existencia de Dios como repartidor de los destinos de los hombres, que le dio a él el destino de poeta, por el que logrará su inmortalidad. Su actitud es autosuficiente: «Sí, mi Destino es inmortal y yo, que aquí lo escribo, seré inmortal igual que mi Destino... Mi destino soy yo y nada y nadie más que yo; por eso creo en El y no me opongo a nada suyo, a nada mío, que El es más que los dioses de siempre, el dios otro, regidos, como yo, por el Destino, repartidor de la sustancia con la esencia» (págs. 868-869). Para Juan Ramón, cualquier forma es la forma del Destino y es inútil huirla ni buscarla.

Esta soberbia actitud de Juan Ramón está muy lejos de la angustiosa búsqueda y nostalgia de Dios en el poema de Gorostiza, que intruye que: «El mismo Dios, / en sus

---

[11] Ver: Carta de Wáshington, 6 agosto 43, citada en *Juan Ramón Jiménez en su obra*, por Enrique Díez-Canedo, de México, El Colegio de México, 1944, pág. 140. También en J. R. J. *Cartas*, Madrid, Aguilar, 1962 y en J. R. J. *Cartas literarias*, Barcelona, Editorial Bruguera, 1977. J. R. se refiere en esta carta a un segundo libro titulado «Tiempo» (inédito): «Estos libros se titulan, el primero, 'Espacio', el segundo 'Tiempo'».

presencias tímidas, / ha de gastar la tez azul» (pág. 109);
«Pero en las zonas ínfimas del ojo, / ... no ocurre nada, no,
sólo esta luz, / ... que a través de su nítida substancia /
nos permite mirar, / sin verlo a El, a Dios, / lo que detrás
de El anda escondido» (pág. 111). Juan Ramón libra la
verdadera dialéctica de la forma y la substancia al enfren-
tar su Destino. Si en la primera parte del poema, en un
arrebato poético, se olvidó de la forma sintiéndose uno
con la inmensidad fue porque «como en sueños soñaba
una cosa que era otra» (pág. 872); pero vuelto en sí se da
cuenta que para enfrentarse con la realidad se necesita de
la inteligencia y la voluntad: «Nada es la realidad»
—dice —«sin el Destino de una conciencia que realiza. Memoria son los sueños, pero no voluntad ni inteligencia»
(pág. 872). También Gorostiza considera un sueño cando-
roso la alegría del vivir en la ignorancia: «en este buen
candor que todo ignora, / en esta aguda ingenuidad del
ánimo / que se pone a soñar a pleno sol» (pág. 113) y considera un sueño desorbitado el observar sin tregua la vida
en plena marcha: «Mas nada ocurre, no, sólo este sueño /
desorbitado / que se mira a sí mismo en plena marcha»
(pág. 116). Ambos poetas coinciden en su concepción espacial de la vida. Para Gorostiza el ritmo o movimiento es la
norma de la existencia: «Pero el ritmo es su norma, el solo
paso, / la sola marcha en círculo» (pág. 117). Aun en sus
descansos el hombre sueña en ese eterno avance repetido
hacia la muerte. Dice Gorostiza: «Y sueña que su sueño se
repite, / irresponsable, eterno, / muerte sin fin de una
obstinada muerte» (*Ibíd.*). Para Juan Ramón la vida «es la
muerte en movimiento, porque es la eternidad de lo creado, el nada más, el todo, el nada más y el todo confundi-
dos» (pág. 873). En el poema de Gorostiza, el tiempo, como
dimensión metafísica, pierde cualquier valor positivo, aun-

que mantiene su alto valor lírico. El presente es estéril. Dice Gorostiza: «Es el tiempo de Dios que aflora un día, / que cae, nada más, madura, ocurre, / para tornar mañana por sorpresa / en un estéril repetirse inédito» (pág. 111). En el poema de Juan Ramón el tiempo ya no cuenta, puesto que la carga metafísica ha pasado al espacio. El presente desaparece casi: «No es el presente, sino un punto de apoyo o de comparación, más breve cada vez; y lo que deja y lo que coje, más, más grande» (pág. 859).

Espacio es un preludio a la obra de Juan Ramón, *Animal de fondo*, en la que el poeta-hablante deja de ser una angustiada criatura del tiempo para convertirse en una gloriosa criatura del espacio. En *Muerte sin fin*, Gorostiza anticipa la metáfora juanrramoniana al concebir al hombre como un *animal de fondo* en los versos que siguen: «como este mar fantasma en que respiran / —peces del aire altísimo— / los hombres» (pág. 109). Ambos autores han dotado al espacio de sus poemas de un dinamismo que duplica, en el caso de Juan Ramón, el de la existencia del ser en su búsqueda de la trascendencia; en el caso de Gorostiza el de la creación artística con el mismo fin. Es singular el hecho de que *Espacio* y *Muerte sin fin* son los únicos poemas largos, seguidos, escritos por estos autores. En el prólogo a *Espacio* dice Juan Ramón: «toda mi vida he acariciado la idea de un poema seguido (¿cuántos milímetros, metros, kilómetros?) sin asunto concreto, sostenido sólo por la sorpresa, el ritmo, el hallazgo, la luz, la ilusión sucesivas, es decir, por sus elementos intrínsecos, por su esencia». [12] No intentándolo, el poema vino libremente, —dice— «como una respuesta formada de la misma esencia de mi pregunta o, más bien, del ansia mía de buena

---

[12] En la edición de *Cuadernos Americanos*, II, 5, septiembre-octubre 1943, pág. 191.

parte de mi vida, por esta creación singular» (*ibíd.*) Esta
respuesta que es *Espacio*, es para Juan Ramón «eco del
ámbito del hombre» (*ibíd.*). Gorostiza, por su parte, en el
prólogo a su obra *Poesía*, habla del desarrollo dinámico de
un poema: «Puesto en marcha, avanza o asciende en un
continuo progreso, estalla en un clímax y se precipita rá-
pidamente hacia su terminación. El poeta ha de medir de
antemano la parábola que corresponde a la potencia del
proyectil... Es el poeta quien, con su sentido de las pro-
porciones, le pone un hasta aquí» (págs. 17-18).

Espacio y *Muerte sin fin* son poemas de la dispersión
y de la unidad, son lenguaje en movimiento, impelido por
una nueva sensibilidad *espacialista*. En *Los signos en ro-
tación*, uno de los primeros ensayos que Octavio Paz escribiera sobre la *contemporaneidad*, decía: «El espacio ha
perdido, por decirlo así, su pasividad: no es aquello que
contiene las cosas, sino que, en perpetuo movimiento, alte-
ra su transcurrir e interviene activamente en sus transfor-
maciones». [13] El mismo, que ha bautizado a la poesía de
hoy con el nombre de «poesía en movimiento», desde hace
tiempo utiliza el espacio como objeto de sus preocupaciones artísticas y metafísicas. Apoyándonos en sus ideas, en-
tendemos que la modernidad es una marcha interrogativa
hacia un futuro ignoto hecho de tiempo muerto en el espacio vivo.

En esta *muerte sin fin* que es la vida, la poesía, al cerrar un ciclo y con él una búsqueda de permanencia en el
tiempo, ha abierto otro ciclo, y con él, una esperanza de
permanencia en el espacio. Como dijera Juan Ramón en
un poema revivido de «muerte y resurrección»: «enjen-
drar más iguales no nos sigue, / nos sigue una inesperada

---

[13] En *El arco y la lira*, 2.ª edición corregida y aumentada,
México, Fondo de Cultura Económica, 1967, pág. 280.

lengua. / Lengua de nuestro mítico mudarnos / en primavera, lengua de nuestro milagroso cumplimiento. / ¿Una
lengua de fuego, al fin poetas?» [14]

Esta lengua de fuego llegó a su punto culminante en
América en la *noche oscura* poética de Juan Ramón.

«DEL FONDO DE LA VIDA»: LA NOCHE OSCURA POETICA DE JUAN RAMON JIMENEZ

En el año 1948, en *Cuadernos Americanos,* de México,
salió un poema de Juan Ramón titulado «Del fondo de la
vida», recogido luego en el último libro publicado por él,
la *Tercera antología poética (1898-1953),* de la Editorial Biblioteca Nueva de Madrid (1957). En la trayectoria artística de Juan Ramón, que culmina en *Dios deseado y deseante,* cuya primera parte es *Animal de fondo,* el poema «Del
fondo de la vida» es de suma importancia, representa su
purgatorio poético, equivalente a esa angustia y castigo de
la vía ascética que San Juan de la Cruz llamó *la noche oscura del alma,* y que antecede a la unión mística con la divinidad.

Juan Ramón separó este poema de los de la trascendencia, está en la parte titulada «Una colina meridiana»,
composiciones escritas en América entre 1942 y 1950 y
debe corresponder a una fecha anterior a la de su publicación en 1948, que es la misma fecha de la creación de *Animal de fondo.*

La experiencia místico-poética de Juan Ramón ha sido
estudiada desde temprano por laicos y religiosos. La obra

---

[14] «¿Una lengua de fuego, al fin poetas?», en «Tres cantos re-
vividos de muerte y resurrección», *Indice* de Artes y Letras, Madrid, tomo VIII, núm. 60, febrero-marzo 1953, pág. 19.

laica más completa sobre este tema es, en la fecha en que escribo *Poesía y mística* (*Darío, Jiménez y Paz*), de 1978, por Joseph A. Feustle, que analiza la duplicación del proceso y desdoblamiento típicos del misticismo en la experiencia poética de estos tres grandes líricos del siglo xx. [15]

Tres religiosos han examinado la obra juanramoniana apoyados en sus conocimientos filosóficos y teológicos: Basilio de Pablo, en *El tiempo en la poesía de Juan Ramón*, [16] analiza el contenido ontológico-literario; Carlos del Saz Orozco, en *Dios en Juan Ramón*, [17] se ocupa del pensamiento lírico-teológico y Osvaldo Lira, en *Poesía y Mística en Juan Ramón Jiménez*, muestra cómo llega por la vía poética «a las alturas de la experiencia mística natural». [18] Sólo otra persona con la preparación de estos críticos podría aventurar especulaciones de carácter metafísico. Yo voy a ocuparme de un poema que ha quedado fuera de lo tratado por los autores mencionados, para señalar el paralelo que existe entre la peculiar experiencia de *la noche oscura del alma*, de San Juan de la Cruz, en su vía místico-cristiana y una experiencia similar en la vía místico-poéti-

---

[15]   Universidad Veracruzana, Xalapa, Ver., México 1978. Feustle repasa las opiniones de Octavio Paz, Amado Alonso, Dámaso Alonso, Emilio Orozco, el Abate Bremond y otros en cuanto a las semejanzas que existen entre el místico y el poeta. Ver. Cap. I, «Introducción», págs. 7-10.

[16]   Madrid, Gredos, 1965.

[17]   Subtitulado: *Desarrollo del concepto de Dios en el pensamiento religioso de Juan Ramón Jiménez*, Madrid, Editorial Razón y Fe, S. A., 1966. Saz Orozco comenta los puntos de contacto entre la poesía de Juan Ramón y la poesía mística española de San Juan de la Cruz, y las diferencias, confrontando también las opiniones de los que se han ocupado del tema, como Rinaldo Froldi y Donald Fogelquist y otros críticos que han escrito sobre el dios, o Dios en la poesía de Juan Ramón. Ver, en particular, las págs. 4, 199-210.

[18]   Santiago, Universidad Católica de Chile, Centro de Investigaciones Estéticas, 1969, pág. 38.

ca de Juan Ramón, de tal modo que se puede comprobar que posee una psicología mística tradicional es decir, española. [19]

«Del fondo de la vida» es un poema que sitúa a Juan Ramón en la noche oscura del sentido en que comienzan a entrar las almas, saliendo del estado de principiantes, para entrar en el de los aprovechantes, que es el de los contemplativos, según el tratado de San Juan de la Cruz. Conste que nos referimos a una vía ascético-poética.

Para entender y declarar mejor qué noche es esa noche oscura por la que el alma pasa, San Juan de la Cruz empieza explicando las imperfecciones de los principiantes. [20] El alma, dice, después que determinadamente se convierte a servir a Dios, es regalada al modo que la madre amorosa hace al niño tierno, que con leche sabrosa y manjar dulce y blando le cría, y a medida que va creciendo le va quitando el regalo, para que, perdiendo las propiedades del niño, se dé a cosas más grandes y sustanciales (Libro 1.º, I, 2). Juan Ramón llena los requisitos del principiante. Cuando determinadamente se convierte a servir a la poesía es regalado con manjares blandos y dulces, en su caso, la música, los colores, los olores, los sabores, la adjetivización fácil. Es esta la época de las *Arias*, los *Jardines*, las *Elegías*, las *Baladas*, los *Pastorales*, los *Poemas mágicos, Pla-*

---

[19] Antonio Sánchez Barbudo se ocupa de este poema, también desde un punto de vista *laico* en *Cincuenta poemas comentados*, Madrid, Gredos, 1963, pág. 163. No voy a repetir su labor, sino a tocar puntos no señalados por él y a explicar la necesidad del intelectualismo y el exceso de explicaciones entre paréntesis que a él le parecen forzados. Por lo demás, me parece lúcida la valoración de lo que él considera «lo más vivo y hondo del poema, lo más auténtico» (*Ibíd.*).

[20] San Juan de la Cruz, *Obras*. Edición y notas del P. Silverio de Santa Teresa. Burgos, Tipografía de «El Monte Carmelo», 3.ª ed. XCMXLIII. Todas las citas son del tratado «Noche oscura».

tero, los *Sonetos*, obras de los años de 1903 a 1915. En 1916, después del primer viaje a América, Juan Ramón va prescindiendo del regalo para darse a cosas más grandes y sustanciales. Entra en la época de la «poesía desnuda» que comienza con *Eternidades*, de 1916. De allí en adelante se da totalmente a su ideal poético.

Dice San Juan de la Cruz en *Noche oscura*, que los dedicados hallan su deleite «en pasarse grandes ratos en oración, y por ventura las noches enteras; sus gustos son las penitencias; sus contentos los ayunos, y sus consuelos usar los sacramentos y comunicar en las cosas divinas» (Libro 1.º, I, 3). Juan Ramón, ya en su vía ascético-poética, se deleita en pasar grandes ratos en la creación. De su dedicación son prueba sus propios versos. En *Piedra y cielo* dice: «Todo el día / tengo mi corazón dado a lo otro» (*Tercera antolojía*, pág. 587); en *Poesía*: «¡No, si no caben mis horas / ideales en las horas / de mi día material!» (*Ibíd.*, 637); «¡Ay, cómo siento el manantial, / aquí en mi corazón oscuro!» (*Ibíd.*, 645); «¡Voz mía, canta, canta; / que mientras haya algo / que no hayas dicho tú, / tú nada has dicho!» (*Ibíd.*, 666); en *Belleza*: «¡Crearme, recrearme, hasta / que el que se vaya muerto, de mí, un día, / a la tierra, no sea yo» (*Ibíd.*, 710). A Juan Ramón no le bastaba el día para su afán, necesitaba velar, según lo expresaba, también del 1916 en adelante. En *Poesía* dice: «¡Vela, que vas a morir! / ¡No le des muerte a tu muerte, / con tu sueño!» (*Tercera antolojía*, pág. 660) y en *Piedra y cielo*: «Todos duermen, abajo. / Arriba, alertas, / el timonel y yo» (*Ibíd.*, 597); «La tierra duerme. Yo, despierto, / soy su cabeza única» (*Ibíd.*, 733).

De los dedicados escribió San Juan de la Cruz: «sus gustos son las penitencias». En los versos de Juan Ramón se nota a veces este gustoso mortificarse del penitente:

«¡Qué desclavarme constante / el alma de todo, ay!, /qué recojer sangre éste, / qué limpiar mi sangre en todo, / qué irme a lo otro, sonriendo / de pesar inestinguible» (*Ibíd.*, 757), se duele Juan Ramón en *Belleza*. Y no se me ocurre mejor ejemplo de sus ansias de comunicar las cosas divinas, en este caso, divinas para él, que los bien conocidos versos de *Eternidades*: «¡Intelijencia, dame / el nombre exacto de las cosas! / ... Que mi palabra sea / la cosa misma» (*Ibíd.*, 509). No en balde Basilio de Pablos, sacerdote, ha llamado a este poema «la oración del nombre».[21]

San Juan de la Cruz señala en *Noche oscura*, cómo de su mismo fervor y diligencia les nace a estos dedicados «cierto ramo de soberbia oculta» (Libro 1.º, II, 1). Después, expone en detalle diversos aspectos de este vicio capital, que resumo a continuación: 1) Condenan en su corazón a otros cuando no los ven con la manera de devoción que ellos querrían; 2) les acrecienta el demonio el fervor y gana de hacer más estas y otras obras; 3) juzgan que no les entienden el espíritu... Y así luego desean y procuran tratar con otro que cuadre con su gusto; 4) les nacen mil envidias e inquietudes; 5) también algunos de éstos tienen en poco sus faltas, y otras veces se entristecen demasiado de verse caer en ellas, pensando que ya habían de ser santos. Concluye San Juan de la Cruz: «De estas imperfecciones algunos llegan a tener muchas muy intensamente, y a mucho mal en ellas. Pero algunos tienen menos y algunos más, y algunos, solos primeros movimientos o poco más; y apenas hay algunos destos principiantes que al tiempo de estos fervores no caigan en algo de esto» (Lib. 1.º, II, 6).

El vicio capital de Juan Ramón, hombre de vida limpia y sana, fue la soberbia de la que fue víctima durante

---

[21] En *El tiempo en la poesía de Juan Ramón*, pág. 237.

su período de mayor fervor poético y en casi todos los aspectos que señala San Juan de la Cruz. Recordemos que los últimos veinte años de su residencia en España, de 1916 a 1936, fueron los del arbitrio, la maestría, las polémicas, las caricaturas, aquellos en que condenó a otros cuando no los vio con la misma devoción que él. Con las ganas de hacer más y más obras, se dio a una asombrosa actividad poética y llegó a publicar hasta cinco libros al año, si se tienen en cuenta las traducciones de Tagore en las que colaboró con su mujer Zenobia. Francisco Garfias, asesorado por Francisco Hernández-Pinzón, sobrino del poeta, que a la muerte de éste quedó a cargo de los archivos juanrramonianos en España, editó no menos de quince volúmenes de verso y prosa de la obra inédita de Juan Ramón y la esparcida en las revistas, cuadernos y hojas sueltas de los años del 16 al 36. En esa época Juan Ramón procuraba, naturalmente, la compañía de los que alababan y estimaban sus cosas, como Juan Guerrero, Cónsul de la Poesía, los discípulos escogidos y sus familias: García Lorca, Salinas, Guillén, Alberti. Publicó entonces las famosas cartas negándose a participar en actos públicos, y el código de conducta: «Estética y Etica estética». En 1923 se quejaba de que se le volviera a zaherir «por raro, por incomprendido» [22] y escribía aforismos dirigidos al ladino, al escandalero, al envidioso, al sotanista, al plebeyo, a los logrerillos y al topiquista español. [23] No le faltaron las inquietudes y la impaciencia de los fervorosos según menciona San Juan de la Cruz. En *Piedra y cielo* se queja: «Y ¿cuándo di, Señor de lo increado, / creerás que te queremos?» (*Terce-*

---

[22] «Estética y Etica estética», VI, en *Cuadernos de Juan Ramón Jiménez*. Ed. de Francisco Garfias, Madrid, Taurus, 1960, página 205.
[23] «Respuesta concisa», *Ibíd.*, págs. 212-214.

ra antolojía, pág. 608). Nótese que este Señor está escrito con mayúscula. En *Poesía* implora: «Dame, de pie, el reposo; / dame el sueño, de pie; / dame, de pie y en paz, la sola idea, / el solo sentimiento, / la eterna fe en lo solo, / que en lo tanto, y en vano, espero, espero!» (*Ibídem*, 651).

No le conocí a Juan Ramón Jiménez los otros seis vicios capitales que se mencionan en *Noche oscura*: avaricia, lujuria, ira, gula espiritual, envidia, y acedia espiritual; pero recuérdese que en el tratado se dice que de estas imperfecciones algunos tienen «solos primeros movimientos o poco más». Juan Ramón tuvo más de la mencionada soberbia. Habiendo adquirido consciencia plena de sus dotes, hacia el final de esta fervorosa época escribió el poema más narcisista quizás de la literatura hispánica: «El otoñado» [24] en el que además de adjudicarse frases como «estoy completo de naturaleza», «contengo... el infinito», «soy tesoro supremo», prorrumpe en esta singular estrofa:

Chorreo luz: doro el lugar oscuro,
trasmito olor: la sombra huele a dios,
emano son: lo amplio es honda música,
filtro sabor: la mole bebe mi alma,
deleito el tacto de la soledad.

(*Tercera antolojía*, pág. 769.)

En justicia al autor hay que añadir también los cuatro últimos versos del poema:

Y lo soy todo.
Lo todo que es el colmo de la nada,
el todo que se basta y que es servido
de lo que todavía es ambición. (*Ibíd.*)

---

[24] De *La estación total con las canciones de la nueva luz* (1923-1936), Buenos Aires, Losada, 1946, pág. 17.

Esta ambición mantuvo a Juan Ramón en la vía de trabajos y purgaciones que él gustosamente había escogido y de la que ya no se apartó. Fue por esta vía que alcanzó a vislumbrar parte de la más alta Sabiduría en la Belleza, como consta en su obra *Dios deseado y deseante*, pasando antes por esa «noche oscura» de la que al fin voy a hablar.

Dice San Juan de la Cruz, después de explicar las imperfecciones de los principiantes, que Dios les pone en estado de aprovechados entrándolos en la noche oscura, «donde destetándolos Dios de los pechos de estos gustos y sabores, les quita todas estas impertinencias y niñerías, y hace ganar las virtudes por medios muy diferentes. Porque por más que el principiante en mortificar en sí se ejercite todas estas sus acciones y pasiones, nunca del todo, ni con mucho, puede, hasta que Dios lo hace en él pasivamente por medio de la purgación de dicha noche» (Libro 1.º, VII, 5). La primera purgación o noche es amarga y terrible para el sentido. El poema «Del fondo de la vida» expresa precisamente este purgatorio de los sentidos.

Uso la versión original de este poema, que después fue corregido levemente para la colección *Leyenda*, publicada por Antonio Sánchez Romeralo (Madrid, Cupsa Editorial, 1978); pero la corrección es posterior a la trascendencia de *Animal de fondo* y al momento de la experincia purgativa.

DEL FONDO DE LA VIDA

En el pedral, un sol sobre un espino, mío.
Y mirándolo, ¿yo?
Oasis de sequera vejetal
del mineral, en medio de los otros (naturales
y artificiales, todas las especies)
de una especie diversa, y de otra especie
que tú, mujer, y que yo, hombre;
y que va a vivir menos,
mucho menos que tú, mujer, si no lo miro.

Déjame que lo mire yo, este espino (y lo oiga)
de gritante sol fúljido, fuego sofocante
silencioso,
que ha sacado del fondo de la tierra
ese ser natural (tronco, hoja, espina)
de seca condición aguda;
sin más anhelo ni cuidado
que su color, su olor, su forma; y su sustancia,
y su esencia (que es su vida y su conciencia).
Una espresión distinta, que en el sol
grita en silencio lo que yo oigo, oigo.

Déjame que lo mire y considere.
Porque yo he sacado, diverso
también, del fondo de la tierra,
mi forma, mi color, mi olor; y mi sustancia,
y mi esencia (que es mi vida y mi conciencia),
carne y hueso (con ojos indudables)
sin más cuidado ni ansia
que una palabra iluminada,
que una palabra fuljidente,
una espresión distinta, que en el sol está gritando
silenciosa;
que quizás algo o alguien oiga, oiga.

Y, hombre frente a espino, aquí estoy, con el sol
(que no sé de qué especie puedo ser,
si un sol desierto me traspasa),
un sol, un igual sol, sobre dos sueños.
Déjanos a los dos que nos miremos.

(*Tercera antolojía*, págs. 925-926.)

El poeta de la primavera y del otoño se halla frente a
una árida visión de la naturaleza, canícula total de peren-
ne sequedad, superlativizada por la triple acumulación de
elementos áridos: «pedral», «sol», «espino». Esta aridez se
intensifica de la tercera línea en adelante: «Oasis de sequera vejetal / del mineral, en medio de los otros...». La
palabra «oasis», del modo que la usa Juan Ramón, es otra
negación. El espino, en el pedral, es un oasis por ser menos piedra que la piedra; pero no es oasis porque en su

sequedad anticipa a la piedra que ha de ser. Es un espino-
oasis condenado ya a muerte «y que va a vivir menos» si
no lo mira el poeta, el único que puede, en su verso, darle
vida. [25]

En la segunda estrofa del poema, Juan Ramón insiste:
«Déjame que lo mire yo, este espino (y lo oiga) / de gritante sol fúljido, fuego sofocante / silencioso». Digo que
insiste porque quiere mirar el espino y además oírlo. El
poeta aparta del verso con un paréntesis el «(y lo oiga)»
obviando así la transmutación de los sentidos. Sigue, acen-
tuando la aridez: «el «gritante sol fúljido» no es grito, sino
otra superlativización para acentuar la brillantez quemán-
te del sol, un sol que priva, puesto que lo «fúljido» ciega.
La privación sigue desarrollándose alrededor del tema de
la sequedad. En la frase «fuego sofocante / silencioso» la

---

[25] Esta árida visión de la naturaleza, poco corriente en la obra
de Juan Ramón, recuerda a *The Waste Land*, de T. S. Eliot. A Juan
Ramón le interesaba la obra de Eliot. Refiriéndose a «Espacio»
(en la *Tercera antolojía*, págs. 851-880), me dijo J. R.: «Son poemas
de sucesión, se escribe todo lo que le viene a la cabeza a uno y
ése es el estilo que ahora siguen los poetas nuevos, como Elliot».
Eran los años del 40. Hacia 1948, fecha de la publicación del poema que comento, «Del fondo de la vida», J. R. me recomendó la
lectura de *The Waste Land*, regalándome un ejemplar. La visión
de J. R. tiene algo de la aridez de la segunda estrofa del poema de
Eliot:

What are the roots that clutch, what branches grow
Out of this stony rubbish? Son of man,
You cannot say, or guess, for you know only
A heap of broken images, there the sun beats,
And the dead tree gives no shelter, the cricket no relief
And the dry stone no sound of water...

Pero el árbol de Eliot está muerto, no el de J. R.; el «stony
rubbish» o basura es «pedral» en el poema juanrramoniano, voca-
blo que tiene que ver más con el mar que con la tierra, pero que
es de mayor valor poético que «pedregal». Y Juan Ramón partici-
pa de la aridez, no es mero espectador.

intensificación está implícita en el adjetivo «sofocante» que es privación del aire, del aliento. El adjetivo «silencioso» confirma además que no hay tal grito, es otra superlativización para expresar la torturante visión del poeta, experiencia muy particular. El castigado espino es: «Una espresión distinta, que en el sol / grita en silencio lo que yo oigo, oigo.» En la repetición del verbo está acumulada la intensidad de la experiencia.

Este espino de la contemplación juanrramoniana, que ya habíamos imaginado consumido, como un tronco seco sin flor ni fruto, mantiene, sin embargo, lo esencial para seguir siendo lo que es, como explica Juan Ramón: «ese ser natural (tronco, hoja, espina) / de seca condición aguda; / sin más anhelo ni cuidado / que su color, su olor, su forma; y su sustancia, / su esencia (que es su vida y su conciencia.)» Desde cierto punto de vista me parece esencial el paréntesis, los paréntesis de Juan Ramón. Anticipando una posible mala interpretación, por la insistencia en los elementos acerbos, Juan Ramón aclara dando en un paréntesis la exacta descripción del árbol: «(tronco, hoja, espina)» lo que se da dentro del rigor de las privaciones. El espino sigue en su «ser natural»; pero sin flor ni fruto. En su «sustancia» y su «esencia» de «tronco, hoja, espina» puede seguir teniendo «su color, su olor», «su forma». El poeta nos ha preparado, a maravilla, para apreciar su propia privación, de la que trata en la tercera estrofa del poema en la que se compara con el esipno: «Porque yo he sacado, diverso / también, desde el fondo de la tierra, / mi forma, mi color, mi olor; y mi sustancia, / y mi esencia (que es mi vida y mi conciencia)».

La metáfora del arraigo no es nueva en la obra de Juan Ramón. En *Poesía*, por ejemplo, ya habíamos leído:

Arraigado;
pero que no se vea
tu raíz.
¡Solo, en el día nuevo,
lo verde, el pájaro, la flor!

(Tercera antolojía, pág. 682.)

En el poema«Del fondo de la vida» la novedad está en
el tono. Juan Ramón priva a la metáfora de todo adorno
para expresar su propia privación. En el verso que acabo
de citar lo que se ve es la regalada condición del árbol: «lo
verde, el pájaro, la flor»; pero en el poema «Del fondo de
la vida» el árbol sin regalo, por vía ascética ha sacado del
fondo de la tierra, ya no «lo verde», sino «mi color»; ya
no hay «pájaro», sino «mi forma»; ya no hay «flor», sino
«mi olor». Se trata de lo elemental, sin adornos. Continúa
el poeta: «y mi sustancia, / y mi esencia (que es mi vida
y mi conciencia) / carne y hueso (con ojos indudables)» y
aquí el paréntesis es para recordarnos que sus ojos no se
engañan en la contemplación. En la obra de Juan Ramón
los verbos «ver» y «mirar» significan «trascender» e «in-
tuir». Ya en *Estío* había escrito:

Jamás te has visto, nunca
te verán, cual mis ojos
te vieron y te ven...

(Tercera antolojía, pág. 450.)

Después de asegurarnos que sus ojos trascienden, lanza el
poeta su expresión atormentada, la que me ha hecho pensar en su «noche oscura» poética: «sin más cuidado ni
ansia / que una palabra iluminada, / que una palabra fogueante, / una espresión distinta, que en el sol está gritando / silenciosa; / que quizás algo o alguien oiga, oiga.»

Las ansias poéticas de Juan Ramón han sido expresadas antes con ascética urgencia. En *Eternidades* encontramos un buen ejemplo:

> ¡Sí, sed, sed, sed horrible!
> ... Pero... ¡Dejadme el vaso
> vacío...! (LXXV).

Las dos últimas líneas expresan autoprivación. La preocupación por la palabra llena su obra, baste volver a citar sus bien conocidos versos: «Intelijencia, dame / el nombre exacto de las cosas»; pero en «Del fondo de la vida», Juan Ramón no anda buscando «el-nombre-exacto-de-las-cosas», sino una palabra que sea en sí la total expresión de sus trabajos, una palabra «iluminada», «fuljidente», «fogueante». Y lo curioso es, que en su angustia y clamor da con ella. La palabra «iluminada» empieza a serlo en «fuljidente», neologismo juanrramoniana que sintetiza «fulgente» y «fúlgido». Ambas palabras, que quieren decir lo mismo: brillante, resplandeciente, se intensifican en la combinación. Aún más lograda es la palabra «fogueante», síntesis de fogoso (ardiente) y foguear (acostumbrar a las penalidades o trabajos). En esta palabra culmina la comparación con el espino. Juan Ramón ha usado el espino como símbolo de la privación y la fatiga del vegetal y símbolo también del más arduo logro, por haber tenido que salvar el pedregal para sacar del fondo de la tierra su sustancia y su esencia y mantenerlas en el constante quemarse de su existencia. Así el poeta, para encontrar «una espresión distinta, que en el sol está gritando / silenciosa».

En este sol de las ansias que le consumen, la voz de Juan Ramón es grito. Antes ha sido canción, como en aquel poema de *Poesía*:

¡Voz mía, canta, canta;
que mientras haya algo
que no hayas dicho tú,
tú nada has dicho!

(*Tercera antolojía*, pág. 666.)

Ahora es el clamor por ser oído, duda de ser oído, temor
de no ser oído. Toda la agonía de este haberse quemado
en vano está recogida en la última concisa y exacta línea
de esa tercera estrofa: «que quizás algo o alguien oiga,
oiga». Expresada esa angustia, queda el hombre frente al
espino, dudando su propia especie, por saber que ese «sol
desierto» que le «traspasa» no traspasa a los demás.

La última estrofa dice: «Y, hombre frente a espino,
aquí estoy, con el sol / (que no sé de qué especie puedo
ser, / si un sol desierto me traspasa) / un sol, un igual sol,
sobre dos sueños.» Este último paréntesis es un válido
testimonio de la extraña experiencia del poeta, que se ha
sentido totalmente consumido por un sol como el que traspasa al espino. A la agonía de este su purgatorio poético
sucede un estado más tolerable, el del sueño, sueño doble:
su propio sueño y l del espino que no ha soñado. El poeta
ha soñado por él.

En la última línea del poema, el poeta sólo pide, vuelto
en sí y con humildad: «Déjanos a los dos que nos miremos.» Esta última línea concuerda con la explicación del
tratado de San Juan: «la cual contemplación es oculta y
secreta para el mismo que la tienen, (*sic.*) y, ordinariamen-
te, junto con la sequedad y vacío que hace al sentido, da
al alma inclinación y gana de estarse a solas y en quietud,
sin poder pensar en cosa particular ni tener gana de pen-
sarla» (Libro 1.º, IX, 6).

El primero y principal provecho que causa esta seca
y oscura noche de contemplación, según el tratado, es el

conocimiento de sí y de su miseria. Este conocimiento está patente en la comparación que hace Juan Ramón entre sí y el destituto y castigado espino. El hecho de que Juan Ramón sufra este oscurecimiento, cuando ya su maestría poética es indudable, nos hace pensar en estas palabras de San Juan de la Cruz de *Noche oscura*: «Cuando más a su sabor y gusto andan en estos ejercicios espirituales, y cuando más claro a su parecer les luce el sol de los divinos favores, oscuréceles Dios toda esta luz... y así los deja tan a oscuras que no saben por dónde ir con el sentido de la imaginación y el discurso... y déjalos tan a secas, que no sólo no hallan jugo y gusto en las cosas espirituales y buenos ejercicios en que solían ellos hallar sus deleites y gustos, mas en lugar de esto hallan, por el contrario, sinsabor y amargura en las dichas cosas» (Libro 1.°, VIII, 3).

San Juan de la Cruz menciona que esta oscuridad acaece más en breve a la gente recogida. Notamos que en la obra de Juan Ramón el poema «Del fondo de la vida» representa una experiencia breve y casi única. También nota San Juan de la Cruz que en la mística, la purgación sensitiva es común.

Mucho se ha escrito sobre las grandes preocupaciones de Juan Ramón Jiménez, por estos u otros nombres: la obra, la muerte, la mujer. También se han ocupado de su panteísmo. Hoy se va viendo más claramente que su vida fue una ansiosa búsqueda metafísica expresada del más alto modo que le era dado hacerla: a través de su arte. En la poesía comentada, Juan Ramón, en un gesto esencial ascético, no ya de poesía desnuda, sino de alma desnuda, se compara con el espino, no chorreando luz, sino transido y consumido por la luz; sin sombra, sin música.

Al barroquismo de expresión sucede un barroquismo de conceptos, que paradójicamente, como en el caso de San Juan de la Cruz, encarna su más ascética expresión. Vale aquí referirse a ese bien conocido artículo de Juan Ramón titulado «Quemarnos del todo», en el que dice: «En este mundo nuestro tenemos que quemarnos del todo, resolvernos del todo, cada uno en las llamas y en la resolución que le correspondan. Que ningún dios creador o creado aceptaría a los que no hubieran cumplido plenamente con su vida.»[23] Juan Ramón escribió ese dios con minúscula, sin embargo, en un prólogo inédito hasta 1964, destinado al libro *Dios deseado y deseante*, ya habla del Dios verdadero, el Padre. El cree entender a Dios sólo en términos del Hijo, Jesús, que le dio lecciones de amor y de belleza desde que conoció su palabra dicha, sobre todo aquellas grandes frases de su agonía dirigidas al Buen Ladrón: «Esta tarde estarás conmigo en el Paraíso». De este Prólogo de Juan Ramón que Sánchez Barbudo ha dado a la luz, citamos el siguiente párrafo íntegro, su acto de fe:

> Esa es mi fe, Jesús de mi vejez, la fe de mi vejez en ti que me fuiste viejo, el amor a todo lo que veo, a todo lo que siente. Esa es mi fe porque la veo, ver la belleza en todo lo que miro o mejor mirar bello todo lo que veo. Y yo sé que por Jesús de Marta y María, otra María que no era su madre, que el Padre es el amor original, que eso quiere Dios, manantial, y en ese amor por fe, Jesús y yo nos hallaremos en Dios un día con los nuestros porque los nuestros serán nosotros en este amanecer en que lo pienso, este

---

[26]   J. R. J.: *El trabajo gustoso* (*Conferencias*). Selección y prólogo de Francisco Garfias, Madrid, Aguilar, 1961, pág. 190.

mismo día, hoy que abre sobre toda la naturaleza que
me rodea, tan hermoso como el hoy sin fin de aquel
Paraíso que el Cristo ofreció al que tuvo fe. [27]

Allá por el año de 1948 ó 1949, años de la escritura del
poema «Del fondo de la vida» y de los poemas de *Animal
de fondo*, me dijo Juan Ramón en la Universidad de Maryland: «Si usted está viviendo en poesía, está viviendo en
Dios», hoy se lee con gusto en el mencionado Prólogo de
Dios deseado y deseante, que Sánchez Barbudo cree ser
del 1952 ó 1953, estas palabras de Juan Ramón: «Jesús vio
la belleza en su verdad y yo veo mi verdad en la belleza,
en la belleza natural y en la belleza moral, ideal, espiritual
de ese espíritu ideal y moral que Jesús encomendó desde
la cruz a su Padre; la belleza que él dijo a todos que era el
amor, su fe primera» (pág. 230). Esta declaración justifica
la defensa que de su tío hace el jesuíta Fernando Jiménez:
«Una cosa es hacer profesión de una fe o de una filosofía
panteísta, y otra, muy distinta, tener una concepción poé-
tico-religiosa de Dios y del mundo en que la visión de la
inmanencia de Dios y la unidad del Ser predomine sobre
la visión de la absoluta transcendencia de Dios. [28] Y nos

---

[27] J. R. J.: *Dios deseado y deseante* (*Animal de fondo*). Introducción, notas y explicación de los poemas, por Antonio Sánchez
Barbudo, Madrid, Aguilar, 1964. El prólogo se titula: «Camino de
fe», se cita el párrafo 7, págs. 230-231.

[28] Fernando Hernández-Pinzón Jiménez, S. J., hizo el comentario de la edición de Sánchez Barbudo de *Dios deseado y deseante* en unas páginas enviadas a esta autora por Francisco Hernández-Pinzón Jiménez, inéditas, de donde he sacado la «defensa» a
que me refiero. Al religioso sobrino del poeta le parece el estudio
introductorio de Sánchez Barbudo «una interpretación, válida y
muy bien documentada, de *Dios deseado y deseante*, en relación
con el proceso de toda la obra poética de J. R.»; pero le parece,
no del todo acertada la labor de esclarecer cada uno de los poe-

recuerda Fernando Jiménez que «místicos y poetas se dejan arrastrar en sus expresiones por el sentimiento impe-
rioso que les hace anhelar la unión con el Ser amado, y el
hallazgo y la entrega a El a través de todas las realidades
de la existencia creada. Por eso abundan en ellos expresiones que, interpretadas al pie de la letra, son claramente
panteístas. En realidad no han hecho más que insistir uni-
lateralmente en la faceta dinámica de todo diálogo de
amor». (*Ibíd.*)

Podemos estar o no estar de acuerdo con las expresiones aquí citadas; pero es justo reconocer que en su apasionada búsqueda, Juan Ramón sigue derroteros clásicamen-
te españoles. San Juan de la Cruz puso todo el cimiento
de la mística en la noche oscura del alma. En la vía ascética de Juan Ramón Jiménez, el poema «Del fondo de la
vida» equivale a la noche oscura de su alma porque es la
más alta expresión de sus ansias de depuración, del conocimiento de sí y de su miseria, porque habla de toda una
vida de privaciones y trabajos dedicada a la búsqueda de
un noble ideal y esto nos hace pensar en las más grandes
expresiones del alma nacional. Hoy podemos decir con
más certeza que Juan Ramón pertenece a la estirpe de los
más hondos clásicos españoles.

Después de *Dios deseado y deseante*, resolución poética del ansia de trascendencia, Juan Ramón escribió una
elegía desnuda a Zenobia, enferma de muerte, y como él
también creía que se moría, la llamó «Ríos que se van».

---

mas, versos y expresiones del libro. Cito su opinión porque com-
parto de ella.

IV

INICIOS DE MUERTE: «DE RIOS QUE SE VAN»
(1952-1953)

LA ELEGIA DESNUDA A ZENOBIA CAMPRUBI

Cuando murió Zenobia Camprubí, el 28 de octubre de
1956, tres días después de anunciarse que Juan Ramón había ganado el Premio Nobel, la prensa mundial le rindió el
homenaje debido a la esposa de un poeta laureado. Entre
las elegías y los panegíricos hubo quien reconociera que
por el amor, la comprensión e inteligencia de esta mujer
el poeta alcanzó la meta de todas sus aspiraciones, las hu-
manas y las divinas. [1] En el *Diario de un poeta recién casado*, que es lo que su nombre indica, aunque Juan Ramón

---

[1] El escritor uruguayo Gastón Figueira, por ejemplo, empezó
un artículo difundido en la prensa americana con las palabras:
«Nos cuesta mucho imaginar a Juan Ramón sin Zenobia». Ver:
«Zenobia Camprubí de Jiménez», *Alma Latina*, San Juan, Puerto
Rico, 12 de enero de 1957, pág. 5 y «Adiós a Zenobia Camprubí de
Jiménez», *La Nueva Democracia*, Nueva York, enero de 1957, página 20; y Angel Marsa, en la reseña de una biografía de Juan Ramón, sintetizó en estas palabras el papel de Zenobia: «un poeta
ultrasensible, perdido, evadido. Pero salvado..., por una mujer. Sal-
vadas, por una mujer, la vida y la obra». En «Vida y obra de un
poeta», *El Correo Catalán*, Barcelona, 4 de abril de 1957.

se lo cambiara después a *Diario de poeta y mar*, hay un poema que nos da lo que el matrimonio habría de ser para él:

9 de junio

«Sol en el camarote».

Pensando mientras me baño viendo, por el tragaluz abierto, el mar azul con sol, y cantando, luego, toda la mañana.

No más soñar; pensar
y clavar la saeta,
recta y firme, en la meta
dulce de traspasar.

Todo es bueno y sencillo;
la nube en que dudé
de todo, hoy la fe
la hace fuerte castillo.

Nunca ya construir
con la masa ilusoria.
Pues que estoy en la gloria,
ya no hay más que vivir. [2]

Sabiendo que la poesía de Juan Ramón es el registro de su vida interior, se entiende que los versos: «pensar / y clavar la saeta, / recta y firme, en la meta / dulce de traspasar» se refieren a su ambición como poeta, se trata de una meta artística. La segunda estrofa nos da la confianza en el amor alcanzado, después del largo período de incertidumbre como pretendiente de Zenobia. La última

---

[2] En Juan Ramón Jiménez, *Libros de poesía*. Recopilación y prólogo de Agustín Caballero, Madrid, Aguilar, 1959, pág. 428. En futuras referencias a poemas de esta colección, abreviaré a *L. de P.* en el texto, seguido del núm. de la pág.

estrofa tiene que referirse a la ilusión convertida en realidad, el triunfo amoroso superlativizado en el verso: «Pues que estoy en la gloria». Este sentimiento de que el sueño se ha vuelto realidad, sigue apareciendo en la obra después del matrimonio. Está en *Eternidades* (1916-1917):

> «Epitafio de mí vivo».
> Morí en el sueño.
> Resucité en la vida.
>
> (*L. de P.*, 569.)

Está también en *Piedra y cielo* (1917-1918):

> ....
> ¡Vida
> segunda, verdadera vida
> de aquí; reino completo;
> madurez de la frente
> —¡oh juventud del corazón!— y agosto
> del alma, fruto de la carne!
>
> (*L. de P.*, 818)

Antes de casarse con Zenobia, Juan Ramón publicó dieciocho libros de poesía, es decir, era ya poeta; pero no el gran poeta que llegó a ser después del matrimonio, cuando el primer período fue superado por los logros de la *poesía desnuda;* de la escuela juanrramoniana de la que surgió la brillante generación del '27; de las traducciones de Tagore, Synge, Blake; de la creación de hojas sueltas, cuadernos y revistas, de la propia casa editorial y de la aparición de la gran prosa de *Españoles de tres mundos.* Este segundo período quedó interrumpido por la guerra civil y el traslado a América; pero entonces se inicia el tercer gran período, el que culmina en *Animal de fondo,* realización y término de una búsqueda místico-poética iniciada casi cincuenta años antes. Estos son los logros que

Zenobia hizo posible. Pero el nombre de Zenobia casi no aparece en la obra de Juan Ramón, tan llena de nombres de mujeres, porque Zenobia es *poesía desnuda* en la vida y la obra del poeta y las otras mujeres son *poesía vestida*, es decir, aparecen con el nombre y el adorno.

Zenobia, símbolo perfecto, para Juan Ramón, de *la mujer*, fue el complemento de las otras dos fuerzas matrices de su creación: *la obra* y *la muerte*. La mujer está identificada con las otras dos ideas; la posesión de la mujer ideal, lleva al concepto de la poesía desnuda, ya he demostrado el paralelo que existe entre la posesión amorosa y la creación poética. [3] La culminación de una búsqueda poética que en la vida real encuentra su objeto en la pretendida: Zenobia y la expresión del éxito que representa el matrimonio con esta mujer, funde los conceptos mujer-poesía y lleva a la búsqueda mayor, la de la conquista de la muerte a través de la poesía desnuda que a partir del matrimonio se convierte en principio y regla de la obra juanrramoniana. La poesía desnuda y la mujer desnuda simbolizan dos logros: la posesión de la mujer pura y del arte puro y quiero decir con puro: esencial.

La mujer desnuda no es la joven virgen de los tálamos nupciales de la poesía de principiante, como *Ninfeas;* ni la de los amores sentimentales de *Jardines lejanos;* ni la pastora enamorada de *Baladas de primavera;* ni la mujer que apasiona en *Laberinto,* cuyos atributos físicos ansiados por la doble personalidad del amante, que es el propio autor del poema dominado por una pasión del alma y del cuerpo. En *Estío,* libro escrito cuando Juan Ramón pretendía a Zenobia, se describe esta encontrada pasión:

---

[3] En *Vida y obra de Juan Ramón Jiménez. La poesía desnuda,* tomos I y II, Madrid, Gredos, 1974.

¿El cuerpo tiene más hambre,
o el alma?... ¿Y de qué? Si hago
el gusto del cuerpo, el alma
es la que ansía... ¿qué? Sí, harto,
hago lo que el alma quiere,
anhela el cuerpo... ¿qué? Hastiado
el cuerpo, el alma es de oro;
el alma, el cuerpo es el áureo.

¡Amor del alma y del cuerpo!
¡Cuándo, ¡ay!, llegará, cuándo,
la luna de miel eterna
de los dos enamorados!

(*L. de P.*, 121.)

Entonces, se ha de buscar a Zenobia en la obra como una presencia *desnuda*.

Juan Ramón se dirige a su mujer abiertamente al dedicarle dos libros de poesía: el primero es *Canción*, de 1936, que incluye antiguos poemas que podían cantarse y parte de la obra más reciente no recogida en otros libros. Bellísimamente encuadernado en los colores favoritos del poeta: violetas unos y amarillos otros, e impreso en papel de primera calidad, este libro fue un homenaje a Zenobia, con el retrato de un busto de ella y la bien conocida dedicatoria:

A
MI MUJER
ZENOBIA CAMPRUBI AYMAR,
A QUIEN QUIERO Y DEBO TANTO,
ESTAS CANCIONES QUE LE GUSTAN
Y TANTAS DE LAS CUALES HA ANTICIPADO Y CONFIRMADO
ELLA
CON SU ESPIRITU, SU BONDAD Y SU ALEGRIA [4]

En este libro aparece el poema «La flor tú» que Zenobia tuvo siempre en un marco encima de su cómoda, regalo de Juan Ramón:

---

[4] J. R. J., *Canción*, Madrid, Editorial Signo, 1936, pág. 7.

Toma esta flor, la flor
de la sombra del torreón.
¡Qué tranquilo es su olor!

Estaba allí, allí
al pie del hormigón carmín,
en la yerba turquí.

¡Mira qué azul, qué azul
es, plateada y azul, de luz
segura (igual que tú)!

Te la cojí, cojí
pensando en ti, en tu vivir
a la sombra de mí.

Ten esta flor, la flor
del costado del torreón.
¡Qué feliz es su olor! (pág. 133)

El otro libro-homenaje a su mujer fue la *Tercera anto-lojía poética* publicada en 1957, última obra en la que co-laboraron el poeta y su mujer, estando ambos enfermos y ella, irremediablemente. Este fue el último libro que Juan Ramón dio a la imprenta y tiene un retrato de ella toma-do póstumamente, la foto de uno pintado por Sorolla, con unas flores al frente. La dedicatoria dice: «A Zenobia de mi alma».[5]

_____

[5] Debido a la enfermedad de Zenobia y Juan Ramón, le encar-garon a Eugenio Florit, el poeta cubano residente en Nueva York que atendiera a la publicación de la *Tercera antolojía*. Cuando la Editorial le pidió a Juan Ramón un retrato, por mediación de Flo-rit, el poeta envió la fotografía del retrato de Zenobia pintado por Sorolla que está en la «Sala Z. y J. R. J.» de la Universidad de Puerto Rico y ante el cual esta autora puso unos capullos de ro-sas amarillas cuando se velaban los restos de Zenobia. Margaret Rodríguez, fotógrafa oficial de la Universidad de Puerto Rico, hizo una bella composición del retrato con las flores, que aparece al frente de la *Tercera antolojía poética*, Madrid, Editorial Biblioteca Nueva, 1957. Al referirme a los poemas de esta colección, abreviaré a *T. A. P.* en el texto, seguido del número de la página.

La última parte de la *Tercera antolojía* se titula «De ríos que se van» y es la elegía desnuda de Juan Ramón a Zenobia. Estos poemas fueron escritos entre 1951-1953, durante la primera gravedad y ausencia de ella, cuando fue a Boston a operarse por primera vez del cáncer que la consumió. «De ríos que se van» significa «Vidas que se van». La palabra *río*, como tantas otras tomadas del paisaje, evoluciona en la obra de Juan Ramón, en sus primeros libros es nombre genérico, el río es la corriente; después, el poeta empieza a identificarse con el río, que pasa a ser un símbolo, como el ya bien usado en la literatura española, en particular.

En una bellísima conferencia que Juan Ramón pronunció en la Universidad de Puerto Rico el 23 de abril de 1954, «El romance, río de la lengua española», aparecen todas sus ideas sobre el río como símbolo de vida, reconociendo la deuda de todos los poetas hispanos a Jorge Manrique:

Los poetas siempre han sido amigos de los ríos por el brotar palpable del agua, elemental como el de de la inspiración; por su encauce, por su caminar, por su ir, por su huir, por su son, vuelvo a decirlo, por su 'dar en la mar que es el morir', buen fin que todo lo sume y lo funde, sin perderlo, en masas continuas de contención: y así fundió y sumió el hondo Jorge Manrique la vida de su padre, el Maestre don Rodrigo, hace cinco siglos, con sus coplas de pie de ocho, por todos los que pasamos tiempo tras tiempo por nuestro mundo español, lo seguimos repitiendo, lo pasamos a otros hasta que nuestra lengua se suma y se funda en otro mar hablado. [6]

---

[6] En *La Torre*, año VII, núm. 26, abril-junio 1959, página 13. También en J. R. J., *El trabajo gustoso (Conferencias)*. Selección

En la obra de Juan Ramón, *río* es un símbolo más complejo: se refiere no sólo a *vida*, sino a su doble personalidad de hombre y poeta, como está significado en el poema «Mi reino» de *La estación total con las Canciones de la nueva luz* (1923-1936):

> Sólo en lo eterno podría
> yo realizar esta ansia
> de la belleza completa.
>
> En lo eterno, donde no
> hubiese un son ni una luz,
> ni un sabor que le dijeran,
> ¡basta! al ala de mi vida.
>
> (Donde el doble río mío
> del vivir y del soñar
> cambiara azul y oro.)
> (*L. de P.*, 1184.)

Entonces, *el doble río mío* es el doble ser mío o la doble vida mía: mi ente real y mi ente ideal. En poemas posteriores, escritos entre 1942 y 1950 se reitera el concepto. El poema «Río mío de mi huir», de «Una colina meridiana» que aparece en la *Tercera antolojía*, tiene su paralelo o su explicación en la obra en prosa y es un preludio de *Animal de fondo*, como se puede apreciar por los versos que cito, a continuación de la primera estrofa:

> Río mío de mi huir,
> salido sol de mis venas,
> que con mi sangre has regado
> parajes de tanta tierra, ...
> ....
> ....

y prólogo de Francisco Garfias, México, Aguilar, 1961, págs. 144-145. Citaré por esta obra, abreviando a *Trab. Gust.* en el texto, seguido del número de la página.

que si soy un ser de fondo
de aire, una bestia presa
por las plantas de los pies
que me sientan la cabeza,
compensarán las espumas
de mi sangre que corriera
el mustioso amapolar
que cubra mi parte quieta!
(*T. A. P.*, 935-936)

En unos trozos publicados en la sección de «Artes-Letras», de *La Nación* de Buenos Aires, del domingo 30 de octubre de 1949, se reitera esta asociación río-vida-sangre-sueño: «Mis días se van río abajo, salidos de mí hacia la mar, como las ondas iguales y distintas (siempre) de la corriente de mi vida: sangres y sueños. / Pero yo, río en conciencia, sé que siempre me estoy volviendo a mi fuente».[7] En *Animal de fondo*, vuelve a aparecer este concepto, más desnudo, en el poema «Río-mar-desierto»:

....
Por ti,
desierto mar del río de mi vida,
hago tierra mi mar, ...

Por mí, mi riomardesierto,
la imagen de mi obra en dios final
no es ya la ola detenida,
sino la tierra sólo detenida
que fue inquieta, inquieta, inquieta
(*T. A. P.*, 1001.)

El mar del hablante es el mar de su vida y de su muerte, ya no el agua, sino la tierra de su doble existencia.

En «De ríos que se van», recurren todas las ideas aso-

---

[7] Recogido como «Río arriba» en la selección «Vivienda y morienda», de J. R. J., *La corriente infinita. Crítica y evocación*. Recopilación, selección y prólogo de Francisco Garfias, Madrid, Aguilar, 1961, pág. 326.

ciadas con el doble vivir del poeta y *la mujer*. Su mujer
Zenobia, *la mujer*, hace un papel principal. El primer poema de esta serie se titula «Sólo tú» y es *poesía desnuda,*
esencial:

> ¡Sólo tú, más que Venus,
> puedes ser
> estrella mía de la tarde,
> estrella mía del amanecer!
>
> (*T. A. P.*, 1033.)

Nada más adecuado para un estudio del desnudar de la
poesía juanrramoniana que este pequeño poema, del que
existen cuatro variantes. Tres aparecen en una notas en letra de Zenobia con el título «Poemas que Juan Ramón me
escribió a mí en Boston»,[8] la cuarta versión fue escrita
por Zenobia en una carta de Río Piedras a su sobrina política Lola Hernández-Pinzón, Vda. de Quintana, el 14 de
febrero de 1952, de la que reproduzco un párrafo por su
interés histórico y humano:

> Tío Juan, que decía que no tenía fuerzas para sos-
> tener una pluma, me escribía dos carillas todos los
> días y mientras yo estuve ausente tuvo que hacer mu-
> chas cosas, excelentes para él. Aunque hayamos pa-
> sado mucho, yo creo que esta separación dolorosa
> nos ha servido también, aun cuando no fuera más
> que por la gran alegría de volvernos a *reunir* con
> emoción tan profunda. ¡Con decirte que tío Juan, que
> no había escrito nada en verso hacía más de un año,
> me escribió tres a mí y otro de circunstancias a dos
> artistas españoles: Antonio Calderón y José Jordá,
> que están aquí dando a conocer sus maravillosos ro-
> mances, sus espléndidos trajes y excepcionales dan-

---

[8] En la «Sala Z. y J. R. J.» de la Universidad de Puerto Rico.

zas desde hace algún tiempo. Dile a tu chica si no le gustaría, cuando tuviera sesenta y cuatro años, tener alguien que la quisiera tanto que le escribiera cosas tan sencillas como ésta:

'Cómo puede ser
que seas mi estrella de la tarde
y del amanacer'. [9]

Zenobia pudo haber escrito este poema de memoria, la versión, algo cacófona, no coincide con las otras en sus notas, que deben haber sido copiadas de las cartas de Juan Ramón; pero esta carta confirma la fecha y las circunstancias de la creación del poema: fue escrito en 1951, estando Zenobia recluída en el hospital de Boston. Los poemas «De ríos que se van» son casi todos del período de la enfermedad de ella, incluyendo la convalescencia. Juan Ramón lo hace constar en una nota que puso en la copia de siete de esos poemas, al enviarlos a la revista *Insula*, que los publicó bajo el título «De 'Ríos que se van'», en la primera página del núm. 85, del 15 de enero de 1953. La nota, en letra de Juan Ramón confirma lo que dice Zenobia en su carta, que hacía un año que Juan Ramón no había escrito nada en verso: «(Fin del año 51 / fin del 52. Escribí estos poemas cuando mi mujer Zenobia estaba en Boston luchando con el azar, y lo mismo yo en San Juan. (Diciembre 51-enero 52). Cuando mi mujer 'Salió del túnel' y volvió a mí, los correjí y empecé con ellos mis *Destinos* nuevamente, después del abandono de 1950, en diciembre de 1952». [10]

---

[9] Agradezco a la Sra. D.ª Lola Hernández-Pinzón, hoy fallecida, esta fuente.

[10] En *El último Juan Ramón, Así se fueron los ríos*, Madrid-Barcelona, Alfaguara, 1968, Ricerdo Gullón reproduce esta nota en la parte titulada «Otra vez la poesía», pág. 86, en la que da va-

La primavera versión de «Sólo tú» en las notas de Zenobia dice:

> ¿Cómo puedes tú ser
> estrella de la tarde
> y del amanecer?

Interpreto, como un acercamiento al *desnudar* de la poesía. Sin apoyo de datos biográficos se entiende que el poema trata de algo o alguien muy allegado al hablante, exaltado por la comparación con una estrella, pero implícitamente contradictorio por la oposición de los conceptos opuestos tarde-amanecer y por la interrogativa.

La segunda versión en las notas de Zenobia dice:

> ¿Cómo tú, mujer mía, puedes ser
> al mismo tiempo estrella de la tarde
> y estrella del amanecer?

El *tú* queda explicado, sabemos que se trata de Zenobia, «mi mujer». La tercera versión en las notas de Zenobia es más precisa:

> Sólo tú, mujer mía, puedes ser
> tranquila estrella de mi tarde,
> estrella inquieta de mi amanecer?

---

riantes de los poemas «De ríos que se van», de los archivos de la «Sala Z. y J. R. J.» y se refiere a algunos aspectos de ellos. En J. R. J., *Leyenda (1896-1956)*, Madrid, Cupsa Editorial, 1978, realización por Antonio Sánchez Romeralo del proyecto de J. R. de publicar una nueva selección de su poesía (incluye más de mil composiciones), Sánchez Romeralo reúne veintiocho poemas bajo el título «De ríos que se van», entre los que se encuentran, corregidos o ampliados en algunos casos, los nueve poemas de la *T. A. P.* que comento, a veces en otra forma métrica que la original. El primer estudio «De ríos que se van» por esta autora, se publicó bajo el título «Zenobia en la vida y la obra de Juan Ramón Jiménez» en *Inter-American Review of Bibliography*, X, 3, July-September 1960, 244-260; un segundo estudio: «La elegía desnuda de Juan Ramón Jiménez: 'Ríos que se van'», salió en *Papeles de Sons Armadans*, núm. CXLIX, agosto 1968, págs. 101-112. Este trabajo es una ampliación de ambos.

El *sólo tú* excluye cualquier otra posibilidad; pero la antítesis queda más definida con los modificativos tranquila-inquieta. La interrogación persiste, menos segura por serlo sólo al cerrar la frase.

Esta última versión se puede interpretar de varias maneras; los adjetivos opuestos pueden representar la experiencia amorosa del hablante: tranquila estrella de mi tarde habla de la paz que la amada le ha proporcionado en su madurez e inquieta estrella de mi amanecer podría referirse a las vicisitudes de su juventud o de su primera época, cuando pretendía a Zenobia. También podría leerse en estos versos la inquietud del amanecer del poeta sin Zenobia a su lado, opuesto a la tranquilidad que, pasado el día y con noticias de ella adquiere; o la inquietud del poeta en sus principios, antes de su matrimonio, debido a su pasión por la mujer en general; pasión que ha sido colmada o ha dejado de serlo en la paz del matrimonio. La relación: presencia de la mujer-quietud, ausencia de la mujer-inquietud tiene antecedentes, está en el poema «Tesoro», de *Canción*:

> Cuando la mujer está,
> todo es tranquilo, lo que es
> (la llama, la flor, la música)

> Cuando la mujer se fue
> (la luz, la canción, la llama)
> ¡todo! es, loco, la mujer (pág. 33).

El poema que pasa a la *Tercera antolojía* como el primero de «De ríos que se van» es síntesis de las versiones enviadas a Zenobia por Juan Ramón, es una exclamación triunfal en la que desaparece toda referencia a su mujer, que queda enaltecida y colocada más allá de la poesía y la belleza mismas, porque en vez de «mujer mía» aparece el nombre de Venus, la estrella de la tarde y del amanecer, símbolo también de la belleza y el amor. La oposición tarde-amanecer y tranquila-inquieta desaparece y el posesivo *mía* superlativiza la expresión:

> ¡Sólo tú, más que Venus,
> puedes ser
> estrella mía de la tarde,
> estrella mía del amanecer!
>
> (*T. A. P.*, 1933.)

Nótese que el interrogante ha cedido a la admiración. Esta versión definitiva pasa a *Leyenda* con sólo un cambio métrico, cada dos versos se convierten en uno.

«Sólo tú» es un proemio o preludio a las otras ocho composiciones en las que Juan Ramón le canta a la mujer completa, cuerpo y alma, o se inspira o recuerda conceptos relacionados con ella, con Zenobia.

El segundo poema de «De ríos que se van» se titula «Sobre una nieve». Escrito durante la convalecencia de Zenobia es otro testimonio del hecho que la poesía de Juan Ramón arranca de situaciones reales enaltecidas por la magia del verso, sin alterar su verdad esencial, porque en este segundo poema el hablante dota a la mujer enferma y desgastada de la belleza física ya desaparecida:

> Ni su esbeltez de peso exacto, tendida aquí mi mundo, y como para siempre ya: ni su, a veces, verde mirar de fuente ya con agua sólo; ni el descenso sutil de su mejilla a la callada cavidad oscura de la boca; ni su hombro pulido, tan rozado ahora de camelia diferente; ni su pelo, de oro gris un día, luego negro, ya absorvido en valor único; ni sus manos menudas que tanto trajinaron en todo lo del día y de la

noche, y sobre todo en máquina y en lápiz y en pluma para mí; ni... me dijeron, por suerte mía:

'Mi encanto decisivo residía, ¡acuérdate tu bien,
acuérdate tú bien!, en algo negativo que yo de mí tenía; como un aura de sombra que exhalara luces de
un gris, sonidos de un silencio (y que ahora será de
la armonía eterna), incógnita fatal de una belleza li-
bertada; residente, sin duda, más visible, quizás, en
los eclipses.'

Por mi parte, quedó la eternidad para más tarde;
y ella salió, como me dijo, por la otra boca del pensado túnel; y vio salir también el rojo sol sobre la
nieve. (*T. A. P.*, 1034-1035.)

Zenobia era una mujer de proporcionada estatura y
peso, y de airoso porte, a esto se refiere «su esbeltez de
peso exacto». La realidad del momento es que está en
cama, «tendida» en lo que el poeta llama «mi mundo»
porque en su cuarto de enferma se concentran sus ansias
y desvelos por la anticipada muerte: «tendida aquí, mi
mundo, y como para siempre ya». Los opacos y nublados
ojos de la enferma son «verde mirar de fuente ya con
agua sólo». La flácida piel y boca sin risa son «el descen-
so sutil de su mejilla a la callada cavidad oscura de la
boca»; el hombro pálido y cansado está «rozado ahora de
camelia diferente»; el pelo mate está descrito en retroce-
so: «de oro gris un día, luego negro, ya absorvido en valor
único» y las manos se convierten en un símbolo del trabajo, el cuidado, la lealtad de Zenobia. A esas manos no afec-
tadas por la enfermedad Juan Ramón le dedicará el sexto
poema de la serie, titulado: «Mirándole las manos».

En el segundo párrafo de «Sobre una nieve» irrumpe la
memoria del subconsciente. Juan Ramón piensa en aquella

Zenobia joven y alegre que él pretendió tres largos años,
la medio-casquivana, la medio-caprichosa, la medio-volun-
tariosa en opinión de él, la retratada en *Estío* (1915):

> Me das pena primero con ser yel,
> luego siendo azucena.
> ¿Quién podrá hacer ponientes ni alboradas
> con tu inconciencia?
> No es posible olvidarte para siempre,
> ni quererte del todo, brisalera,
> porque tú no eres mala
> … ni eres buena. (*L. de P.*, 96.)

También en *Estío* hay un poema que habla de la incógnita
atracción de la amada para el amante:

> No me importa que ames
> o que te amen, pues lo que yo adoro
> en ti tú no lo sabes, alma,
> ni lo saben los otros.
>   («Jardín 5», *L. de P.*, 168.)

El tema se repite:

> Jamás el que te ame
> te amará a ti, mujer, amará a otra;
> tú eres tú solamente
> para mí. («Jardín 3», *L. de P.*, 156.)

Entonces se pueden entender las frases que el hablante
pone en boca de la amada: «Mi encanto decisivo residía…
en algo negativo que yo de mí tenía». Y «residente, sin
duda, más visible, quizás, en los eclipses» se puede interpretar como la mayor consciencia del encanto de la amada cuando ella desaparece. De *Estío* son también estos
versos:

> Cuando ella se ha ido
> es cuando yo la miro.
> Luego, cuando ella viene,
> ella desaparece. (*L. de P.*, 106.)

Zenobia volvió en sí de la operación sufrida en Boston al amanecer de un nevado día de diciembre, lo cual tiene su paralelo descriptivo en el último párrafo de «Sobre una nieve» y la frase: «ella salió, ... por la otra boca del pensado túnel» está en la nota de los poemas enviados por Juan Ramón a *Insula*: «Cuando mi mujer 'Salió del túnel' y volvió a mí».

La tercera composición de «De ríos que se van», titulada: «Mi Guadiana me dice», es un poema hermético, al que una se puede aproximar a través de elementos afines recogidos de la obra. Este poema está estrechamente relacionado con otro de los que Juan Ramón le escribió a Zenobia en Boston, apuntado por ella y no incluido en la serie que comentamos de la *Tercera antolojía*, pero recogido por Sánchez Romeralo en *Leyenda*, en una versión mucho más elaborada, que obscurece el significado. A continuación cito los dos poemas afines:

«Mi Guadiana me dice»

Con los tiempos que miraron,
mírate tú en este espejo
ojos en ondas pasaron...
Guadiana nunca es viejo.
          (*T. A. P.*, 1036.)

Poema en los apuntes de Zenobia:

En la vida que has vivido
por el espacio y el tiempo
me tocó vivir contigo,
estrella de los luceros.

¡Y cómo te merecí,
yo no puedo comprenderlo! [11]

---

[11] En *Leyenda* aparece una versión ampliada de este poema, con el título «Fuego único»:
En la vida que viviste por el espacio y el tiempo
me tocó vivir contigo, estrella de los luceros.
Y todo mi vivir fue acariciado de fuego:
llama roja, oro, morada, blanca, azul, gris, negra luego.
Si no me hubieras prendido no sé lo que hubiera hecho.
¿Merecí arder, llama única? ¡Yo no puedo comprenderlo! (Pág. 702)
En *El último Juan Ramón*, Gullón da otras versiones del poe-

La afinidad de estos poemas está en la mezcla explícita e implícita de conceptos de tiempo-espacio con frases de la poesía popular y por el uso del romance (el poema español escrito en verso octosílabo, para Juan Ramón).

«Mi Guadiana me dice» no es un poema de los años cincuenta. En la conferencia «El romance, río de la lengua española», Juan Ramón explica que la inspiración ocurrió «una tarde de primer otoño a un poeta viejo que lo cru-

---

ma, además de las citadas, que se encuentran en la «Sala Z. y J. R. J.» de la U. de P. R.:

«Fuego único»	«Fuego único»	«Fuego en pena»
(A Zenobia)		

Los días que tú vi- [viste por el espacio y el [tiempo, me tocó vivir contigo, estrella de los luce- [ros.	En la vida que viviste por el espacio y el [tiempo, (igual)	En la vida que viviste por el espacio y el [tiempo, (igual)
Y todo mi vivir fue acariciado de fuego: fuego rojo, oro, mo- [rado, blanco, azul, gris y ahora negro.	Y todo mi vivir largo lo acariciaste de fue- [go: de tu llama prisione- [ro: blanca, azul, gris, negra luego.	Y todo mi vivir fue acariciado de fuego: llama roja, oro, mo- [rada, blanca, azul, gris, negro luego.
Si no me hubiera [quemado no sé lo que hubiera [hecho ¿Te merecí, fuego [único?	Si no me hubieras [quemado (igual)	Si no me hubieras [prendido (igual) ¿Merecí arder, llama [única?
Yo no puedo com- [prenderlo. (Gullón, pág. 83).	¡Yo no puedo com- [prenderlo! (Pág. 85)	¡Yo no puedo com- [prenderlo! (Pág. 86)

zaba en barca, volviendo del Algarve portugués a la Onuba andaluza» (*Trab. Gust.*, 145). Entonces fue escrito durante los años de residencia en España y el «poeta viejo» lo sería no tanto por la edad como por los años que llevaba de ser poeta. En esa misma conferencia Juan Ramón explicó que al Guadiana lo llaman por Moguer «río de los ojos... porque se oculta y aparece sucesivo, como con ojos, por las tierras de su viaje» (*Ibíd.*). Es justo entonces conjeturar que al incluir el poema en «De ríos que se van», Juan Ramón evocaba un pasado desaparecido y un presente repetido: así como el río, sus vidas se ocultaban para reaparecer, Puerto Rico fue tierra del principio de su exilio, a raíz de la salida de España en 1936 y volvió a ser la tierra de su exilio «por las tierras de su viaje». En el momento de la conferencia residían allí. La frase popular del segundo verso: «mírate tú en este espejo» pudiera significar: ponte en mi caso, soy como el río que aparece y desaparece, mírate en mis aguas. El tercer verso: «ojos en ondas pasaron» implica una fusión de conceptos: las ondas del Guadiana, «río de los ojos»; el mirar del destinatario y del hablante; ideas relacionadas con la poesía y las ilusiones del autor.

La frase *ondas* tiene largos antecedentes en la obra de Juan Ramón. Está usada en «Canción de canciones» por *poema* corto:

> Canción corta, cancioncilla.
> Muchas, muchas, muchas...
> Como estrellas en el cielo,
> como arenas en la playa,
> como yerbas en el prado,
> como ondas en el río.

> Cancioncilla. Cortas, muchas.
> Horas, horas, horas, horas.
> (Estrellas, arenas, yerbas,

ondas.) Horas, luces; horas,
sombras. Horas de las vidas,
de las muertes de mi vida. (*Canción*, 302.)

La palabra *onda* tiene valor descriptivo en este poema, en otro titulado «Valle tranquilo» se usa como elemento cósmico:

Y el vivo aspira en
su soledad
la onda más quieta
de lo inmortal. (*Canción*, 355.)

En un poema escrito en Maryland, «Con ella y el zurito», que aparece como parte de «Una colina meridiana» (1942-1950), la ondulación del pájaro en su vuelo es la ilusión por la que se va a lo que se aspira:

Por esa ondulación se va, por esa.
Esa es la ondulación que tú soñaste
de niña y yo soñé de niño,
y que pensamos luego
cuando el mayor se piensa otra vez niño;
la ondulación, la ondulación, la ondulación
por la que se va estándose. (*T. A. P.*, 952.)

La última estrofa de este poema es un preludio a «Concierto» otra composición de «De ríos que se van»; la destinataria de «Con ella y el zurito» («esa es la ondulación que tú soñaste»), es la amada, Zenobia, y el poema termina con una declaración de fe en el amor conyugal:

Embriagar
de fe de dos en uno mismo,
con los ojos abiertos
en su sueño, que es la vida entera
del ser que encuentra en sí
lo perdido que todos buscan, madre. (*Ibíd.*)

La palabra madre puede referirse a la destinataria o a «lo perdido que todos buscan», en cualquiera de los dos casos, Zenobia llena el papel.

Puesto que ondulación en este caso del vuelo del pájaro es sinónimo de onda, se puede conjeturar que el verso «ojos en ondas pasaron» del poema «Mi Guadiana me dice», podría significar también el ensueño, la ilusión, el ideal que Juan Ramón y Zenobia se forjaron, quizás equivalga a decir: nuestros ojos siguieron el ensueño en su onda. Entonces, la línea popular que concluye el poema: «Guadiana nunca es viejo» tendría que ver con los sueños y las ilusiones que, como las ondas de ese río, reaparecen, son siempre nuevas.

«Concierto», el cuarto poema de la serie «De ríos que se van» es de significación más obvia. El título implica buen orden y disposición de las cosas, armonía, convenio:

Echada en otro hombro una cabeza,
funden palpitación, calor, aroma,
y a cuatro ojos en llena fe se asoma
el amor con su más noble franqueza.

¡Unión de una verdad a una belleza,
que calma y que detiene la carcoma
cuyo hondo roer lento desmorona
por dentro la minada fortaleza!

Momento salvador por un olvido
fiel como lo anteterno del descanso:
la paz de dos en uno.

Y que convierte
el tiempo y el espacio, con latido
de ríos que se van, en el remanso
que aparta a dos que viven en la muerte.

(*T. A. P.*, 1037.)

En la primera estrofa se expresa el amor de toda una vida; la *verdad* y la *belleza* de la segunda estrofa es la de este mutuo amor capaz de detener *la carcoma*. El hablante usa el exacto nombre de la enfermedad de la amada en una metáfora en la que ella es *la minada fortaleza* que se desmorona al roer de la enfermedad. La tercera estrofa expresa la trascendencia de ese amor de ellos que les hace olvidar, que les llena de paz porque, como dice la última estrofa, es capaz de convertir la premura del tiempo que les queda, en un remanso.

Este poema contiene elementos de los otros. El tiempo aquí es, claramente, el entonces trágico presente de ellos; la frase «De ríos que se van» está usada en el sentido «De vidas que se van», y es el mismo del título de la serie. Al decir: «con latidos de ríos que se van», el hablante da una angustiosa urgencia a la expresión que se suaviza al intercalar la palabra *remanso*, para volver a asumir su trágica urgencia en el último verso: «que aparta a dos que viven en la muerte». Sin embargo, en su totalidad el poema expresa, no ya la angustia de los irremediablemente condenados a muerte, y nótese que Juan Ramón se incluye, son «dos» los que viven en la muerte; sino la certidumbre de que la fe y el amor que se tienen son capaces de llenarles de paz y hacerles olvidar su tragedia. Este es el tono de la serie «De ríos que se van», bien mirados, los poemas no son un lamento, sino un acto de acción de gracias a la esposa fiel, generosa y noble.

El quinto poema es como una elaboración de los versos de «Concierto»: «y a cuatro ojos en llena fe se asoma / el amor con su más noble franqueza» y el título «Nuestro ser de ilusión», recuerdo al poema «Con ella y el zurito» por el motivo de la ilusión:

Yo le vi tu mí a tus ojos,
mi tú les viste a los míos
tú. ¡Nuestro ser de ilusión
tú me has visto, yo te he visto!

(*T. A. P.*, 1038.)

El hablante insiste, como en otros poemas de esta serie, en los verbos *ver* y *mirar* que en la obra de Juan Ramón adquieren el significado de transcender, y están usa-
dos en relación al amor desde *Estío,* una de las primeras
obras inspiradas por Zenobia, en la que aparece en «Jardín 5»:

Jamás te has visto, nunca
te verán, cual mis ojos
te vieron y te ven —como mi vida
encarnada en el pálido tesoro
de tu cuerpo invisible
pues que es la carne de mi alma—.
                                        Solo
me quedaré cuando te vayas,
o te lleven los otros,
de la verdad inalterable y pura
que a tu vivir le puedo dar yo solo.

(*L. de P.*, 168.)

Este poema le lleva medio siglo al «De ríos que se van»;
pero se diferencia, pese a lo sostenido de la *verdad inalte-*
rable de su amor en que la visión ya no es sólo de él, porque ella la comparte. «Nuestro ser de ilusión» incluye al
ser real de cada cual idealizado por el mutuo amor.

El siguiente poema, «Mirándole las manos», es continuación de la idea que quedó interrumpida por la memoria del subconsciente en «Sobre una nieve», ya comentado. Entonces Juan Ramón había descrito el cuerpo, el mirar, la tez, el hombro, el pelo y, por fin, las manos de Zenobia «que tanto trajinaron en todo lo del día y de la noche, y sobre todo en máquina y en lápiz y en pluma». En

el poema «Mirándole las manos» continúa el interrumpido panegírico de las manos trabajadoras, que son para él «la clave más segura descifrada», o sea, la prueba más segura del amor y devoción de su mujer. La constante presencia de la muerte le hace ver esas manos en su descanso eterno:

> (La mano derecha que yo aprieto, una izquierda que beso.) Piensa, amigo... ¡Las manos muertas, descansadas ya, pero no manos, con su historia también debajo, como pecho frío! Y qué historia (y qué leyenda, quizás, luego), lo quieto de unas manos; un día, de estas manos. (*T. A. P.*, 1040.) [12]

El séptimo poema de «De ríos que se van» se titula «Este inmenso Atlántico», mar que simboliza para Juan Ramón los espacios de su vivir puesto que a él dan muchos de los lugares de las regiones, puertos o ciudades donde residió en España y en América: Huelva, Cádiz, La Habana, Miami, San Juan de Puerto Rico, por eso siente su inmensidad:

> La soledad está sola.
> Y sólo él solo la encuentra
> que encuentra la sola ola
> al mar solo que se adentra.
>   (*T. A. P.*, 1041.) [13]

Este poema es otro ejemplo de poesía desnuda. El mar, como motivo, tiene largos antecedentes en la obra juanrramoniana relacionados con Zenobia: el Atlántico está vinculado a su matrimonio. Juan Ramón conoció de lleno

---

[12] A la muerte de Z., el escultor español «Compostela», residente en P. R., sacó un molde de las manos de ella, accediendo al deseo de J. R. Estas se conservan en la «Sala Z. y J. R. J.» de la U. de P. R. El poema en prosa «Mirándole las manos» aparece en *Leyenda* (pág. 690) con pequeñas variaciones.

[13] En *Leyenda*, el último verso dice: «al mar solo *en* que se adentra» (pág. 691).

el mar y lo usó como elemento principal de su poesía en el primer viaje trasatlántico a América para casarse, y al regreso. De las seis partes de el *Diario de un poeta recién casado*, tres tienen que ver con el mar: «I. Hacia el mar», «II. El amor en el mar» y «IV. Mar de retorno». Cuando años después decidió cambiarle el título a la obra, el mar pasó a ser tema principal, aparentemente el principal; pero el amor está implícito en la frase: *Diario de poeta y mar*, el «Diario» expresa las ansias y después la satisfacción del amor poseído.

La visión del mar predomina en la obra; está en el poema «Los rosales»:

> ¡Oh mañana en el mar! —digo, ¡en la tierra
> que va ya al mar! (*L. de P.*, 216.)

dice el hablante en el tren que le acerca al puerto de Cádiz, donde ha de embarcar.

En el instante de paz, en Moguer, donde para a ver a su familia, predomina la visión anticipada del mar, en un poema titulado «Tarde en ninguna parte» y subtitulado «Mar adentro»:

> ¡Este instante infinito —cielo bajo—,
> entre una larga y lenta
> ola del corazón... (*L. de P.*, 223.)

La visión se mantiene a lo largo del trayecto por tierra:

> Aun cuando el mar es grande,
> como es lo mismo todo,
> me parece que estoy ya a tu lado...
> (*L. de P.*, 237.)

prorrumpe el hablante en las murallas de Cádiz. Ya a bordo, el mar le sugiere comparaciones con la amada:

¡Tan finos como son tus brazos,
son más fuertes que el mar! (*L. de P.*, 214.)

Pero el mar sin la amada, empieza a hacérsele extraño al hablante, no es hasta el viaje de regreso, ya casado, que logra identificarse de lleno con él. En la parte II del *Diario*, escrita antes de desembarcar en América, empieza a sentir doblemente su soledad en un poema con ese título, «Soledad»:

«¡Qué plenitud de soledad, mar solo!» (*L. de P.*, 243.)

Añora la tierra en «Nocturno»:

... Me acuerdo de la tierra
que, ajena, era de uno... (*L. de P.*, 251.)

Le invade el desencanto, todo es menos que su ilusión, en «Menos»:

¡Todo es menos! El mar
de mi imaginación era el mar grande;
el amor de mi alma sola y fuerte
era sólo el amor.
de todo, estando más dentro
                          Más fuera estoy
de todo. ¡Yo era solo, yo era solo
—¡oh mar, oh amor— lo más! (*L. de P.*, 257.)

«Menos», «Soledad», «Monotonía», «Sensaciones desagradables», «No», «Hastío», son algunos de los títulos de los últimos poemas escritos a bordo y el título del poema escrito antes de desembarcar es «¡Sí!»:

Delante, en el ocaso, el sí infinito
al que nunca se llega.
                          —¡Síííí!
                          Y la luz,

> incolora,
> se agudiza, llamándome...
> No era del mar... (*L. de P.*, 279.)

En «Mar de retorno», cuarta parte del *Diario*, el mar se convierte en todo lo que el hablante soñó que fuera, porque le acompaña su amada, ahora su esposa:

> Hoy el mar ha acertado, y nos ofrece una visión mayor de él que la que teníamos de antemano, mayor que él hasta hoy. Hoy le conozco y le sobreconozco, en un momento voy desde él a todo él, a siempre y en todas partes él.
> Mar, hoy te llamas mar por vez primera. Te has inventado tú mismo y te has ganado tú solo tu nombre, mar.
> («El mar acierta», *L. de P.*, 435.)

Esta al fin consciencia del mar, se repite en toda esa parte de la obra:

> Hoy eres tú, mar de retorno;
> ¡hoy, que te dejo,
> eres tú, mar! (*L. de P.*, 437.)

Y desde entonces, el hablante sólo tendrá que pensar el mar:

> Ya sólo hay que pensar en lo que eres,
> mar. Tu alma completa
> en tu cuerpo completo;
> todo tú, igual que un libro
> leído ya del todo, y muchas veces,
> que con su *fin* ha puesto
> fin a las fantasías.
>
> Mar digerido, mar pensado,
> mar en biblioteca,
> mar de menos en la nostalgia abierta,
> de más en el aguardo
> de las visiones no gozadas! ı*L. de P.*, 439.)

Desde entonces, el mar es un símbolo importante en la obra, como lo expresa el poema «Vida» del *Diario*:

> Tu nombre, hoy, mar, es vida...
> ....
> ¡mar vivo, vivo, vivo, todo vivo y vivo solo,
> tan sólo y para siempre vivo, mar! (*L. de P.*, 463.)

El hablante se identifica con él:

> No sé si el mar es hoy
> ....
> mi corazón; ...... (*L. de P.*, 469.)

Y al fin, en el poema «Todo» declara que ha llegado al *todo* por el mar y el amor:

> Verdad, sí, sí; ya habéis los dos sanado
> mi locura.
> ....
> ¡Tú, mar y tú, amor, míos,
> cual la tierra y el cielo fueron antes!
> ¡Todo es ya mío ¡todo! digo, nada
> es ya mío, nada! (*L. de P.*, 470.)

Lo que significa que ya puede convertirlo todo en poesía, no reteniendo nada. Y este logro se cumple en la soledad gustosa de su vida con la amada: Zenobia, que protege al amado en su soledad, equilibrando su vida en la justa proporción. En *Canción*, ese libro inspirado por ella y dedicado a ella se describe el carácter de esta *soledad*:

> ¿Soledad y está el pájaro en el árbol,
> soledad, y está el agua en las orillas,
> soledad, y está el viento con la nube,
> soledad, y está el mundo con nosotros,
> soledad, y estás tú conmigo solos? (Pág. 414)

En *Canción* se encuentra también un anticipo del neomisticismo a que ha de conducirlo esa soledad (la gran experiencia místico-poética descrita en *Animal de fondo*), en un poema titulado «El ejemplo»:

Enseña a dios a ser tú.
Sé solo siempre con todos,
con todo, que puedes serlo.

(Si sigues tu voluntad,
un día podrás reinarte
solo en medio de tu mundo.)

Solo y contigo, más grande,
más solo que el dios que un día
creíste dios cuando niño (pág. 396).

Por todo lo expuesto se puede afirmar que el séptimo poema de «De ríos que se van», titulado «Este inmenso Atlántico» está relacionado con Zenobia por los motivos del mar y la soledad, motivos pensados y la soledad puede relacionarse con la del poema «Concierto» ya comentado, que contiene la frase: «el remanso / que aparta a dos que viven en la muerte». Puesto que «Este inmenso Atlántico» ha sido situado por el autor entre los poemas relacionados con su mujer, ha quedado vinculado a los de su existir con ella. El carácter positivo asignado a la ecuación soledad-mar se puede contrastar con el carácter negativo que el mismo motivo tiene en el poema «Soledad» del *Diario*, escrito a bordo antes del matrimonio:

En ti estás todo, mar, y sin embargo,
¡que sin ti estás, qué solo,
qué lejos, siempre, de ti mismo!
(*L. de P.*, 243.)

Los dos últimos poemas de «De ríos que se van» en la *Tercera antolojía* son más himnos que elegía, en ellos se utiliza un símbolo preferido del autor, el oro. En *Canción*, el oro es el paso del tiempo, la fugacidad bella de ser, como se puede apreciar en el poema «La hora»:

> Cada minuto de este oro,
> ¿no es un latido inmortal
> de mi corazón radiante
> por toda la eternidad?(Pág. 176). [14]

El primero de los dos últimos poemas de la serie «Ríos que se van» se titula: «¡Yo lo quiero, ese oro!:

> La noche late un oro
> entre su estar en sombra estremecido.
>
> Yo lo quiero, ese oro
> que es oro porque es el choque limpio
> de lo que siendo lo que es
> puede no ser lo mismo, ¡y no es lo mismo!
>
> ¡Ese oro que no es
> lo que está en mis angustias consumido!
>
>   (*T. A. P.*, 1042.)

La noche del poema puede tener una doble significación: puede ser la última parte del día y la noche del alma, es decir, la trágica situación del poeta y su mujer. En este «estar en sombra» de la noche hay *un oro* que late, algo lúcido, glorioso, valioso, que se eleva pese a lo trágico del momento y que queda explicado en la segunda estrofa: «es el choque limpio / de lo que siendo lo que es/ puede no ser lo mismo». En la versión definitiva de este poema recogida por Sánchez Romeralo en *Leyenda*, se amplía la significación del oro por la inclusión de dos versos largos:

---

[14] Este poema está recogido de *El silencio de oro* (1911-1913), cuyo tema es el deseo de purificación del hablante y sigue a los libros eróticos *Melancolía* y *Laberinto* de 1910-1911. *El silencio de oro* está representado en las *Antolojías* y en J. R. J., *Libros inéditos de poesía 2*, Selección, ordenación y prólogo de Francisco Garfias, Madrid, Aguilar, 1964.

Un oro que es latir visible del secreto continuo,
el pulso del espacio, oro, diamante, rosa, sangre; el precio del
[destino (pág. 691).

Por eso los dos últimos versos deslindan el elemento glorioso, del elemento trágico de sus vidas.

En el último poema de la serie que comento, titulado «El color de tu alma», el oro, valor óptimo para el hablante, es adjudicado a la amada, es el color del alma de ella que adquiere ese valor al pasar de la descripción externa a la interna o valoración espiritual.

Mientras que yo te beso, su rumor
nos da el árbol que mece al sol de oro
que el sol le da al huir, fugaz tesoro
del árbol que es el árbol de mi amor.

No es fulgor, no es ardor, y no es altor
lo que me da de ti lo que te adoro,
con la luz que se va; es el oro, el oro,
es el oro hecho sombra: tu color.

El color de tu alma; pues tus ojos
se van haciendo ella, y a medida
que el sol cambia sus oros por sus rojos
y tú te quedas pálida y fundida,
sale el oro hecho tú de tus dos ojos
que son mi paz, mi fe, mi sol: ¡mi vida!
(*T. A. P.*, 1043.)

En el caso de este poema, la inspiración corresponde a una circunstancia real del presente del hablante. Al frente, a los lados y al fondo de la casa de Hato Rey, barriada de Puerto Rico en donde vivían los Jiménez para la fecha del poema, daban las ramas de los árboles, también en la oficina de ellos en la Universidad de Puerto Rico en Río Piedras, lugar en que trabajaban y que después fue la «Sala Zenobia y Juan Ramón Jiménez». La primera estrofa del poema es una exacta descripción de la hora en que se pone el sol, hora dorada y fugaz de diferente apariencia y duración que la puesta del sol en otras latitudes que el trópico.

En la segunda estrofa del poema, se establece una relación entre la luz que se va y la luz de la faz de la amada. La frase *la luz que se va admite* una doble significación: es la del día y es la vida de la amada. También es bisémico el verso: *el oro hecho sombra*, porque describe un fenómeno externo, natural y un sentimiento personal ante la presencia de la muerte. El hablante pasa entonces en transición lógica a la consideración o valoración del alma de la amada, el color de esa alma, y es también lógico que vea el alma en los ojos de esa mujer, recurso no solamente poético, sino humano. En el poema, la ensombrecida tez de Zenobia adquiere vida a través de sus ojos, verdaderos espejos de su alma, capaces de expresar, pese al agotamiento físico que le hacen sufrir la enfermedad y el cansancio, la devoción y el amor de esta verdadera esposa por el esposo.

Este poema fue explicado por Antonio Sánchez Barbudo en *Cincuenta poemas comentados*, anticipando otras valoraciones de la obra, por lo que voy a confrontar la suya por el interés que lleva la lectura diferente de cualquier creación artística. Sánchez Barbudo considera artificiosos y retóricos algunos elementos para mí, esenciales de «El color de tu alma». Cito con amplitud sus opiniones para evitar equivocarlas:

> Parece demasiado precioso eso de que el árbol mezca 'el sol de oro / que el sol le da al huir...' Quiere ligar el árbol, y la luz en él, con su amor y la luz en ella; mas parece forzado el 'árbol de mi amor', en

el verso 4. Y no tienen mucho sentido lo del 'altor' (que no es lo que de ella ama, sino el color), cuando ya no habla del árbol, sino de ella. Me parece feo y retorcido el verso 6. En cambio son bellos esos ojos que 'se van haciendo' el alma, el color de su alma; y lo de que, al enrojecer la luz, se vaya ella quedando 'pálida y fundida'. Es feo el verso 13, donde habla del alma asomando a sus jos, del oro saliendo 'hecho tú' de sus ojos. Y en cuanto al final, ese gritar que los ojos de ella son 'mi sol: ¡mi vida!», resulta vulgar —cosa bien rara en Juan Ramón—, aunque es exclamación que corresponde en este caso, a esa emoción elemental, ese cariño, apegamiento y fidelidad que el poema expresa. [15]

La frase «el árbol que mece el sol de oro / que el sol le da al huir» no es un preciosismo, sino la poética descripción de una realidad. El uso de la palabra *mecer* en relación a lo movido por la brisa, es común en el trópico, donde la vegetación es baja y frondosa y está en continuo vaivén. Decir de un árbol bajo y frondoso como los de Puerto Rico, cuya copa a veces se alcanza a ver por entero, que *mece al sol de oro*, es captar poéticamente una realidad que los hijos del trópico conocemos. Y decir del sol de algunas tardes del trópico, que *huye*, es otro logro poético descriptivo de otra realidad, porque en ciertas temporadas del año, el sol se retira tan de prisa que las sombras de las cosas adquieren una calidad *huidiza*. En cuanto a la frase «el árbol de mi amor» que Sánchez Barbudo considera forzada, no lo es, por razón de ser el árbol un símbolo constante y viejo en la obra de Juan Ramón, como en la de

---

[15] A. Sánchez-Barbudo, *Cincuenta poemas comentados*, Madrid, Gredos, 1963, págs. 187-188.

otros poetas españoles para significar arraigo, para expresar lo alto; pero Juan Ramón ligó el árbol, la luz, el color de su amada y el amor veinte años antes del soneto que comentamos. Por ejemplo, en *Canción*, el primer libro-homenaje a Zenobia, está este juguetón poema titulado «Viento de amor»:

> Por la cima del árbol iré
> y te cojeré.
>
> El viento la cambia de color
> como el afán cambia el amor,
> y a la luz de viento y afán
> hojas y amor vienen y van (pág. 392).

También se justifica el uso de *altor* cuando ya Juan Ramón no habla del árbol, sino de Zenobia, porque este calificativo se deriva de una exaltación de la amada expresada mucho antes en el poema «Tú», de *Canción* y que recurre, lógicamente por la asociación doble de altura, como atributo de un árbol y valoración del ser amado. A continuación el antiguo poema:

> Pasan todas verdes, granas...
> Tú estás allá arriba blanca.
>
> Todas bullangueras, agrias...
> Tú estás allá arriba plácida...
>
> Pasan arteras, livianas...
> Tú estás allá arriba clara... (Pág. 181).

Por último, a la valoración de Sánchez Barbudo como feo y vulgar, respectivamente, los versos finales del poema: «sale el oro hecho tú de tus dos ojos / que son mi paz, mi fe, mi sol: ¡mi vida!», propongo que son versos de un alto valor lírico y humano. El hablante dice que los ojos de su amada se van haciendo su alma y que aun en la sombra, el oro de su alma asoma a los ojos, lo que equivale a decir, teniendo en cuenta las circunstancias en que fue escrito el poema, que aun estando enferma y moribunda su mujer, la luz de su amor resplandece en sus ojos. La luz del sol que huye sobre el árbol en este soneto, tiene que ver con la vida de Zenobia que se le escapa a él. En el soneto, ella es su luz y al desnudar la expresión y concretar sus emociones más hondas en el símbolo *oro*: «sale el oro hecho tú de tus dos ojos / que son mi paz, mi fe, mi sol: ¡mi vida!» está cantándole, no a los ojos de esa mujer, sino al amor y la vida a los que debe su propia vida, lo cual está muy lejos de ser una exclamación «vulgar». Se sabe que Juan Ramón murió al faltarle el sostén de Zenobia.

Los poemas «De ríos que se van» son una elegía desnuda, porque Juan Ramón le canta a su mujer al margen de la muerte en expresión poética amorosa que se inspira en la mujer total y en la totalidad de su vida con ella, relacionándola con conceptos esenciales de su obra que trascienden los límites del tiempo y el espacio. Juan Ramón usa las formas para él superiores: el verso libre, por su falta de artificio; el poema en prosa por su libertad; el soneto, por su perfección y el romance, porque lo considera el pie métrico sobre el que camina toda la lengua española.

En estos versos «De ríos que se van» va el ser del poeta, porque como dejó dicho: «el verso es como un río de agua de la tierra, río de agua que es, a su vez, como un río de la sangre de nuestra carne, nuestro barro, el río de esta sangre que respiramos... (*Trab. Gust.*, 146). No conozco en la poesía española un tributo más perfecto de un poeta a su amada, perfecto por su verdad, que esta elegía desnuda de Juan Ramón a Zenobia.

Zenobia murió en Puerto Rico el 28 de octubre de 1956, tres días después de que la prensa mundial diera la noticia de que a su marido le habían otorgado el Premio Nobel, al año y medio murió Juan Ramón, el 29 de mayo de 1958, en la misma isla de la madre y la abuela de su mujer. América fue su tierra de promisión, allí poseyó a Zenobia y allí la perdió; pero imantado a la luz beneficiosa de esa luminosa mujer y de esa tierra también luminosa, alcanzó nuevos laureles y concluyó la búsqueda iniciada en España, resolviendo poéticamente el conflicto ontológico del hombre moderno que exige de lo divino el testimonio de la divinidad propia. El espacio americano se tornó para él en el espacio salvador de su transcendencia como hombre y como poeta.

INDICES

INDICE ONOMASTICO *

* Estos índices han sido confeccionados por Sylvia Lyn Hilton.

INDICE TOPONIMICO

INDICE GENERAL

Este libro se terminó de imprimir
el día 9 de febrero de 1982
en los Talleres de Imprenta Taravilla,
c/ Mesón de Paños, 6. Madrid-13.